QU'EST-CE QU'INTERPRÉTER ?

COMITÉ ÉDITORIAL

CHEMINS PHILOSOPHIQUES

Collection dirigée par Roger POUIVET

Guy **DENIAU**

QU'EST-CE QU'INTERPRÉTER ?

Paris

LIBRAIRIE PHILOSOPHIQUE J. VRIN

6, place de la Sorbonne, Vᵉ

2015

H.-G. Gadamer, *Vérité et méthode*, © Paris, Seuil, 1996, p. 419-420.

© *Librairie Philosophique J. VRIN*, 2015

Imprimé en France
ISSN 1762-7184
ISBN 978-2-7116-2585-7

www.vrin.fr

QU'EST-CE QU'INTERPRÉTER ?

INTRODUCTION

Le terme français d'interprétation provient du latin *interpretatio* qui est censé traduire le grec *hermeneia*. Cette traduction du grec vers le latin « a joué, écrit J. Pépin, un mauvais tour à l'*hermeneia* », dans la mesure où le sens du préfixe *inter*, qui signifie entremise, « s'est reporté sur *hermeneia*, dont l'étymologie incertaine n'offrait aucune protection ». C'est donc par une rétroprojection du latin sur le grec que le mot *hermeneia* a fini par signifier interprétation et que le mot d'herméneutique a pris couramment le sens d'exégèse alors que ce dernier terme « n'est que l'une des possibilités sémantiques de l'*hermeneia*, non pas sans doute la plus importante, ni probablement la plus originelle »[1]. La non équivalence entre la signification de *hermeneia* et d'*interpretatio* est manifeste lorsque l'on consulte le traité d'Aristote *Peri hermeneias*, traduit en latin par Boèce sous le titre *De interpretatione*, dans lequel il n'est guère question d'interprétation (d'exégèse) mais plutôt de la proposition

---

1. J. Pépin, « L'herméneutique ancienne. Les mots et les idées », *Poétique*, n° 23, septembre 1975, Paris, Seuil, respectivement p. 291 et p. 300.

déclarative ou de l'énoncé, de ses parties (nom, verbe) et de ses modes (affirmation, négation). L'objet du traité d'Aristote est en effet l'expression verbale, et c'est bien ainsi que les commentateurs latins l'entendaient : l'*interpretatio* est une voix articulée (*vox articulata*) prononcée avec l'intention de signifier ou bien une voix signifiante (*vox significativa*) qui signifie par elle-même quelque chose d'autre qu'elle-même[1]. C'est ce qu'on appelle couramment « exprimer », et d'ailleurs le titre du traité d'Aristote a parfois été traduit ainsi, en allemand en 1835 par F. Biese (*Vom Ausdruck des Gedankens*), et plus récemment, en 1955, en italien par G. Colli (*Dell'espressione*)[2]. Le terme d'*hermeneia* a une signification parfois encore plus large comme en témoignent d'autres traités d'Aristote, ainsi les *Parties des animaux* (II, 17, 600 a 35-36) : « les oiseaux utilisent la langue pour la communication (*hermeneia*) mutuelle »; ou encore *De la respiration* (17, 476 a 17-22) : « la nature se sert du même organe à deux fins [...] elle fait servir la langue aux saveurs et à la communication (*hermeneia*) verbale ».

Si le terme *hermeneia* désigne le plus souvent l'acte d'exprimer, de signifier par la parole les affections de l'âme, sa signification est contraire à celle de l'interprétation, puisque l'*hermeneia* et l'interprétation parcourent en quelque sorte un chemin inverse : l'expression rend manifeste par le biais du langage les états d'âme qu'elle communique, tandis que

---

1. Dans sa traduction des *Quaestiones in primum librum Perihermeneias* de Duns Scot, G. Sondag écrit ainsi que « le terme "interprétation", provenant du titre traditionnel du traité d'Aristote *De interpretatione*, peut être remplacé par le terme "expression" », dans Jean Duns Scot, *Signification et vérité. Questions sur le* Peri hermeneias *d'Aristote*, Paris, Vrin, 2009, p. 284.

2. *Cf.* la présentation de C. Dalimier du traité d'Aristote, *Catégories. Sur l'interprétation*, Paris, GF-Flammarion, 2007, p. 245-256.

l'interprétation part du signe pour « remonter » à l'affection de l'âme qu'il exprime. Au « caractère d'extraversion »[1] appartenant à l'intention de signifier qu'est l'*hermeneia* correspond l'interprétation des signes extérieurs pour comprendre le contenu de pensée qu'ils signifient, de sorte qu'entre exprimer (*hermeneuein*) et interpréter il y a une complémentarité. Cela ne veut naturellement pas dire que nous ayons besoin d'interpréter toujours les paroles que profère autrui, et il arrive souvent que nous ne le fassions pas. Mais si nous devons le faire, c'est pour clarifier et rendre compréhensible ce qui ne l'est d'abord pas, afin de restaurer la communication. C'est pourquoi *hermeneia* et *interpretatio* ont en commun d'être des figures du passage du non manifeste au manifeste.

J. Pépin rappelle que, dans la théologie trinitaire, la formule « *Hermeneus* du Père » désignait communément le Verbe, en tant qu'il est le révélateur et l'image du Père. Toutes proportions gardées, il en va de même de la parole proférée qui rend manifeste ce qui, sinon, ne le serait pas ; il en va de même de l'interprétation (l'exécution, le jeu) musicale ou théâtrale qui présente ce qui, sinon, demeurerait lettre morte. Toutefois, l'idée d'entremise, de médiation n'est pas originellement présente dans le terme *hermeneia*. La fausse étymologie, cependant pleine de sens, qui associait le mot *hermeneia* à Hermès, le messager des dieux, permet de préciser cette différence entre *hermeneia* et *interpretatio*, car l'acte d'*hermeneuein* est unilatéral : il va du dieu aux hommes, non pas des hommes au dieu. Même si l'exégèse n'est pas la signification la plus originelle du terme *hermeneia*, c'est cependant assez tôt, note J. Pépin, que le terme vient désigner l'explication ou la traduction d'un sens obscur en un sens clair.

1. J. Pépin, « L'herméneutique ancienne », *op. cit.*, p. 291.

Dans le *Ion* de Platon, tous ces sens s'entremêlent. Platon présente en effet le rhapsode comme un interprète (*hermeneus*) de la parole du poète auprès des auditeurs, et le poète est lui-même l'interprète des dieux, si bien que les rhapsodes sont « des interprètes d'interprètes » (535*a*). Le statut qu'il convient de conférer à cette fonction d'interprète est incertain, et l'objet du dialogue est de se demander si l'interprétation est un art, dans la mesure où les interprètes en question sont avant tout des instruments du dieu qui les possède (ou qui les inspire, pour le dire vulgairement) et, du même coup, les dépossède de toute initiative exégétique : ils se bornent à transmettre la parole du dieu et, plutôt que d'être exégètes, ils ne sont que les porte-parole ou les messagers du destin :

> Les poètes ne sont rien que les porte-parole [*hermenes*] des dieux, et chacun d'eux est possédé par le dieu qui s'empare de lui. C'est pour montrer cela que le dieu a fait chanter à dessein le plus beau poème lyrique par le poète le plus médiocre [1].

Loin par conséquent d'être le traducteur et l'exégète des messages divins pour le reste des hommes qui ne les comprend pas, l'*hermeneus* tel que le présente Platon n'est « rien que » le porte-parole ou le messager, il se borne à communiquer aux hommes une annonce divine sous l'emprise ensorcelante du dieu, au point que les larmes lui viennent aux yeux, que les cheveux se dressent sur sa tête et que son cœur se met à battre, ce qui est la garantie de la présence effective du message divin dans une parole humaine. Se référant au passage que nous venons de citer, Heidegger commente brièvement : « L'*hermeneus* est celui qui communique à quelqu'un, annonce ce qu'un autre "veut dire", ou encore celui qui

---

1. Platon, *Ion*, 534e, trad. fr. M. Canto, Paris, GF-Flammarion, 1989.

accomplit à nouveau une telle communication et une telle annonce, celui qui s'en fait l'entremetteur »[1].

Cette fonction de porte-parole rappelle « l'ancienne origine sacrale » du terme *hermeneia* dont on retrouvera « des échos tardifs […] dans l'herméneutique théologique ou juridique plus récente »[2]. En effet, l'*hermeneus* transmet des paroles qui font autorité et que l'on reconnaît comme telles, ce sont des paroles qui ont une valeur normative dont le sens est censé s'imposer sans discussion et qui ne sont donc pas communiquées pour lancer un dialogue par exemple. Elles sont porteuses d'une vérité qui s'impose à l'individu. L'*hermeneia* n'a donc pas le sens d'une entremise ou d'une médiation, à la différence de l'*interpretatio* latine, de la traduction, où l'interprète a la fonction d'un intermédiaire faisant circuler le sens entre deux personnes.

Cela dit, si Ion sait « comment parler » d'Homère, comme dit Socrate, alors qu'il ne sait quoi dire des autres poètes, c'est que la parole du rhapsode ne se contente pas d'être celle d'un simple récitant; être capable de parler sur le texte d'Homère, c'est pouvoir en faire une exégèse, en fournir une explication (*hermeneia*) correcte. C'est pourquoi la fonction exégétique commence avec le rhapsode. Comme l'écrit Heidegger, « *hermeneuein* est la mise au jour [ou l'explication, l'exposition, *Darlegen*] qui porte à la connaissance dans la mesure où elle est en état d'écouter un message. Une telle mise au jour devient ensuite exégèse (*Auslegen*) de ce qui a été dit par les

---

poètes »[1]. Par conséquent, pour être capable de parler sur Homère, il faut, comme remarque avec ironie Socrate qu'Ion connaisse « à fond [la] pensée [d'Homère], et pas seulement ses vers ! Car, ajoute-t-il, on ne deviendrait jamais rhapsode si on n'arrivait à comprendre ce que veut dire le poète » (530*c*). Et comme ce n'est pas le cas, le rhapsode n'est que l'anneau intermédiaire reliant, par son inspiration, l'anneau qu'est le poète aux anneaux que sont les spectateurs. Par l'intermédiaire de ces anneaux reliés par une force magnétique, c'est le dieu qui mène l'âme des hommes là où il l'entend.

Le terme *hermeneia* prend toutefois assez tôt le sens d'entremise. Dans le *Banquet* (202d), Platon présente ce grand démon qu'est l'amour comme un intermédiaire entre le divin et le mortel :

> Il interprète et communique aux dieux ce qui vient des hommes, et aux hommes ce qui vient des dieux ; d'un côté les prières et les sacrifices, et de l'autre les prescriptions et les faveurs que les sacrifices permettent d'obtenir en échange.

On trouve aussi ce sens chez Plotin, lorsqu'il dit que l'âme est « comme un interprète qui transmet »[2] les volontés de l'intelligible au sensible, et les aspirations du sensible à l'intelligible. J. Pépin écrit qu'il s'agit dans ces lignes d'une « nouveauté considérable », dans la mesure où « l'acte d'*hermeneuein* ne se développe plus maintenant à sens unique, mais alternativement dans deux sens opposés ; la situation médiane de l'herméneutique est devenue essentielle et doit apparaître dans la traduction du mot »[3].

---

1. Heidegger, *Acheminement vers la parole*, trad. fr. J. Beaufret *et alii*, Paris, Gallimard, p. 115.

2. Plotin, *Ennéades* IV, 3 [27], 11, 18-20.

3. J. Pépin, « L'herméneutique ancienne », *op. cit.*, p. 299.

Aujourd'hui, l'interprétation s'entend au sens de la traduction, consistant à conduire un sens équivalent à travers deux langues différentes ; l'interprète (*l'inter-pres*) est par là le truchement, l'intermédiaire oral qui inter-vient, alternative-ment, dans un discours entre deux personnes ne sachant pas la langue de l'autre, afin qu'elles se comprennent. Interpréter c'est ensuite éclaircir, expliquer et expliciter (*explicare*) le sens d'un livre, d'une loi, d'un texte, ou de tout ce qui peut avoir valeur de signe (le vol des oiseaux, les songes et les présages par exemple dont s'occupent les augures), dès lors que le sens de celui-ci est obscur, ambigu, équivoque ou lacunaire.

Le mot d'interprétation garde aussi le sens d'expression, comme quand on dit des yeux qu'ils sont les interprètes de l'âme : ils font connaître l'état d'âme auquel ils donnent accès, ils sont la médiation permettant de rendre présent ce à quoi l'on n'a pas accès directement. Chénier, que cite Littré, écrit ainsi dans ses *Elégies* (XXI) que « L'art des transports de l'âme est mauvais interprète / L'art ne fait que des vers, le cœur seul est poète ». Interpréter, c'est enfin la manière de jouer une œuvre dramatique et musicale, c'est donc l'exécution, le fait de faire quelque chose d'après certaines règles ou conformément à un modèle. Littré note qu'il s'agit là d'un « sens néologique » datant de 1844 et cite *L'Opinion nationale* du 16 octobre 1874 : « à chaque génération d'artistes, les œuvres de Corneille, Racine, de Glück, de Mozart, se sont en quelque sorte renouve-lées, transfigurées par une interprétation nouvelle, répondant aux idées et aux aspirations de chaque époque ».

On se demandera, dans ce qui suit, d'une part si ces différents sens du mot « interprétation » peuvent s'intégrer l'un dans l'autre pour former un concept générique d'interprétation, d'autre part quelles sont les limites de l'interprétation.

L'OBJET DE L'INTERPRÉTATION

Signe

Les signes sont ce que l'on interprète dès lors que leur sens n'est pas clair ou idéterminé et que cela, pour une raison quelconque, nous gêne ou bien excite notre curiosité, sinon nous pouvons très bien ne pas nous en soucier. Ce n'est pas le signe comme tel qui requiert une interprétation, car nous comprenons de nombreux signes sans qu'il soit nécessaire de les interpréter. Ainsi en va-t-il du feu rouge au carrefour, du plus grand nombre de paroles que nous échangeons quotidiennement. Cela dit, s'il faut interpréter lorsque le sens du signe n'est pas clair et que cela nous pose problème, est-il évident que tout signe a un sens ? Si la fumée est signe du feu, quel est donc le sens de la fumée ? La question est ainsi mal posée, car les choses n'ont pas de sens, ce sont les signes qui en ont. Il ne faut donc pas chercher un sens dans les choses que sont la fumée ou le feu rouge, mais dans le fait que les deux *sont pris pour signe*, ce qui est différent. La délimitation du champ de l'interprétation présuppose que soient clarifiées d'une part la notion de signe, d'autre part celle de sens, puisque ce sont les signes que l'on interprète pour en trouver le sens.

Un signe renvoie à quelque chose d'autre que lui, bien que les signes dans leur diversité n'y renvoient pas de la même façon : la fumée indique que quelque chose brûle, le feu rouge ordonne l'arrêt, la trace de pas rappelle le passage de quelqu'un, les pleurs expriment la tristesse, et les mots peuvent la signifier, etc. Le signe met donc en relation avec quelque chose d'autre, mais toute relation entre deux choses n'implique pas que l'une soit le signe de l'autre. Si deux individus sont assis l'un à côté de l'autre sur un banc, cela ne fait pas de l'un le signe de l'autre ; de même, si la voie de chemin de fer longe le fleuve durant quelques kilomètres, les rails ne sont pas signe de la rivière. En revanche, le fait que les deux individus soient assis côte à côte sur un banc peut être le signe qu'ils sont de bons amis, tout comme les rails qui longent la rivière peuvent être le signe pour le voyageur que l'arrivée sur son lieu de destination est proche. Le signe renvoie à quelque chose d'autre qui, on va le voir, n'est pas simplement une autre chose.

En effet, quelle que soit la diversité des modes de renvoi du signe, la fonction du renvoi qui appartient au signe est d'orienter l'individu dans son environnement. C'est pourquoi tout objet ou tout phénomène de notre environnement est susceptible de devenir signe, à condition justement d'être pris pour signe. Ainsi, le retour des hirondelles au printemps est un phénomène naturel, mais le fait de le prendre comme signe est en partie arbitraire, puisque l'alouette des champs ou le bruant jaune s'en chargent bien avant elles, et l'on pourrait par conséquent prendre ceux-ci comme signes du même phénomène. Bien d'autres signes, du reste, pourraient assumer une fonction identique, le fait par exemple qu'à cette période, nous soyons « pris entre la nécessité de faire du feu [...], et la possibilité, grâce à certaines éclaircies ensoleillées (mais dues à un vent encore froid), de n'en point faire et de jouir du soleil »[1]. La fonction du signe par conséquent n'est pas simplement de relier une chose à une autre : la fumée au feu, le feu rouge à l'arrêt, l'hirondelle au printemps, etc. Le signe renvoie certes aux choses, mais ce faisant il attire l'attention sur la connexion déterminée qui existe entre elles et dont il

---

1. F. Ponge, *Nioque de l'avant-printemps*, dans *Œuvres complètes II*, « Bibliothèque de La Pléiade », Paris, Gallimard, 2002, p. 963.

s'agit de tenir compte pour s'orienter. Et il attire l'attention parce que l'individu est impliqué d'une certaine manière, selon un intérêt déterminé, dans ce contexte que le signe indique. Celui qui est à sa fenêtre et contemple le spectacle de la rue peut être indifférent aux feux rouges ; il n'en est pas de même pour l'automobiliste ou le piéton.

La fonction d'orientation du signe est d'ouvrir, de faire émerger un certain contexte dans lequel nous nous trouvons impliqués. Le signe délimite au sein du contexte certains comportements possibles et en exclut d'autres. Ainsi, la fumée qui indique le feu peut être le signe que les vents ont tourné, qu'il faut donc rentrer car l'orage risque d'arriver ; ou encore que les paysans sont en train de pratiquer l'écobuage et qu'il s'agit d'un incendie maîtrisé de sorte qu'il n'y a pas à s'inquiéter bien qu'il ne soit pas recommandé de s'aventurer vers l'incendie ; ou bien encore que le pyromane a de nouveau sévi. Le signe s'adresse donc, comme l'écrit Heidegger, à notre circonspection (*Umsicht*)[1], c'est-à-dire au regard ou à l'observation (*spectio*) attentive de ce qui se passe autour (*circum*) de nous, il attire l'attention sur les connexions entre les choses qui ont lieu au sein de notre environnement. Et lorsque le signe ne parvient pas à faire émerger ce contexte, l'attitude est alors hésitante ou maladroite. C'est le cas par exemple pour le voyageur qui ignore tout ou presque des usages des individus du pays où il se rend et qui peut mal interpréter certains gestes ou certaines attitudes. C'est le cas encore de la fumée indiquant le feu. Lorsque l'on voit le feu, la fumée n'a pas besoin de l'indiquer. Mais lorsque l'on est loin du feu, c'est par exemple à l'épaisseur de la fumée que l'on

1. *Cf.* Heidegger, *Sein und Zeit*, Tübingen, Niemeyer, 1992, § 17, p. 79.

mesure le degré de dangerosité de l'incendie, ce qui revient à reconstituer des contextes possibles à partir du signe qui ne les ouvre que de manière indéterminée. Il en va de même, au moins formellement, en ce qui concerne les traces que l'historien ou l'archéologue recueille.

Dans la vie de tous les jours, l'individu qui perçoit le signe est orienté vers le contexte qu'indique le signe, contexte dont il peut alors avoir une vue d'ensemble, ce qui le rend circonspect. Le signe n'est donc pas inclus dans cet ensemble comme un élément parmi les autres, il n'est pas une chose parmi les choses, mais il révèle, en l'indiquant, la totalité du contexte. C'est ainsi que le signe peut jouer sa fonction d'orientation, d'ouverture du contexte, c'est-à-dire mettre en évidence des connexions qui structurent le monde ambiant. Le signe doit donc ressortir d'une manière ou d'une autre, il faut qu'il vienne se rappeler à l'attention, à la manière par exemple du clignotant de la voiture. Dans leur fonction de prévention, les panneaux de signalisation routière mettent cela particuliè- rement bien en évidence parce qu'ils reflètent *par prévention* les connexions du monde ambiant en indiquant au conducteur un danger possible. Ce faisant, ils mettent une distance entre l'homme et le monde en prévenant d'un danger possible que la confrontation réelle au phénomène exclut. Dans ce dernier cas, on n'a rarement le temps de prendre de la distance, et il ne s'agit plus d'interpréter. C'est ce qui fait la différence entre le panneau de signalisation qui indique la traversée d'animaux et l'animal qui surgit brusquement devant l'automobiliste.

Un signe n'est donc pas simplement une chose du monde ambiant qui renvoie à une autre chose, il est une chose prise pour signe qui, de ce fait, ressort par rapport aux autres en indiquant une connexion entre elles, et en permettant à l'individu qui perçoit ce signe de s'orienter dans le monde.

> [Les signes] sont des connexions du monde de la vie, mais réifiées et, par conséquent, mises dehors. Ils donnent ainsi la possibilité de se *rapporter* au contexte dans lequel on se mouvait antérieurement[1].

Prendre quelque chose pour signe, c'est le mettre en quelque sorte à part des autres objets qui nous environnent, c'est le faire ressortir. Ainsi en va-t-il du retour des hirondelles, comme du panneau de signalisation routière. La réification du signe ne signifie donc pas qu'il existe comme une chose (c'est le *retour* des hirondelles qui annonce le printemps, non l'hirondelle), mais qu'une connexion du monde de la vie se cristallise dans une chose ou un événement qui, perçus, nous mettent en rapport avec cette connexion.

Cela étant dit, la question du sens du signe peut maintenant être abordée. Nous comprenons le sens des signes et quand ce n'est pas le cas, il faut interpréter ceux-ci, à la condition que ce soit utile ou nécessaire pour nous. Comprendre le sens des signes, c'est saisir la connexion des rapports qu'il indique, c'est avoir une vue d'ensemble, circonspecte, des connexions qui structurent le monde ambiant, et dès lors avoir une attitude prudente et attentive, ou encore naturelle, allant de soi. Comprendre, c'est donc saisir des rapports ou des connexions entre les différents éléments du monde ambiant; c'est, en l'occurrence, com-prendre, saisir dans une vue d'ensemble ces éléments, qui s'offrent dans une jointure qu'indique le signe, et s'y orienter en toute aisance[2]. Le sens que l'on comprend, celui

---

1. G. Figal, *Gegenständlichkeit. Das Hermeneutische und die Philosophie*, Tübingen, Mohr Siebeck, 2006, p. 247.

2. Sur la compréhension comme saisie de connexions ou de rapports, voir Dilthey, *Gesammelte Schriften*, V, Stuttgart-Göttingen, Teubner, Vanderhoech & Ruprecht, 1979, p. 233; H.-G. Gadamer, *Vérité et méthode*, trad. P. Fruchon

que cherche et donne l'interprétation, se tient dans la connexion entre les différents éléments du contexte formant un tout structuré.

Sens

Le langage peut exprimer dans des significations, si besoin est, ces connexions qu'indique le signe. Au conducteur qui semble n'avoir pas remarqué le panneau indiquant le passage de chevaux, on peut lui dire qu'il faut être prudent. Les mots se substituent au signe et exercent la même fonction; il arrive d'ailleurs que certains panneaux de signalisation contiennent des mots, par exemple «chevaux prioritaires», et le langage peut articuler plus explicitement encore ce que le panneau suggère. Les mots, comme les autres signes, mettent les choses à distance, ils renvoient eux aussi à des connexions du monde de la vie sur lesquelles ils attirent l'attention, ce sont «des gestes de sens»[1]. À la différence des autres signes toutefois, les mots sont pourvus de signification.

Les termes de signification et de sens sont, dans l'usage ordinaire, souvent synonymes, et parler du sens ou de la signification d'un mot ou d'une phrase revient alors au même. Il reste que le sens des mots ou des phrases excède leur signification linguistique. Nous trouvons la signification des mots dans le dictionnaire mais le sens qu'ils prennent est toujours relatif au contexte de leur emploi. C'est ce que montre la définition que Wittgenstein donne du jeu de langage. Un jeu de langage, écrit-il, est «l'ensemble formé par le langage et les

et alii, Paris, Seuil, 1996, p. 265. Wittgenstein, *Recherches philosophiques*, § 122, trad. fr. F. Dastur *et alii*, Paris, Gallimard, 2004.

1. H.-G. Gadamer, *L'actualité du beau*, trad. fr. E. Poulain, Aix-en-Provence, Alinea, 1992, p. 99.

activités avec lesquelles il est entrelacé »[1]. Ce jeu détermine le sens des phrases que nous utilisons, et ce sens est irréductible à la signification linguistique. Ou, dit inversement, la signification linguistique indique toujours quelque chose au-delà de la signification, et ce qu'elle indique ainsi est le sens du mot ou des mots utilisés.

Si le mot « parpaing » a une signification linguistique déterminée, son sens se détermine contextuellement dans l'emploi qui en est fait. Sur un chantier de construction, lorsque le maçon entend le mot « parpaing », ce mot a la valeur pour lui d'une phrase elliptique qui peut vouloir dire « apporte-moi un parpaing », ou bien « dépêche-toi, apporte-moi le parpaing », et il est possible d'imaginer bien d'autres nuances encore. De la même façon, si le tueur à gages s'entend dire « tu tueras cet homme », il comprendra la phrase comme un ordre si c'est le chef mafieux du quartier qui la prononce, tandis qu'il la comprendra comme une prédiction si c'est l'oracle ou l'astrologue qui s'adressent à lui. Mais celui qui verrait cette phrase inscrite sur le tableau blanc en entrant dans une salle de cours pourrait demeurer perplexe quant à ce qu'elle veut dire. Une même signification peut revêtir des sens différents, et par conséquent ne pas vouloir dire la même chose. Et il en va de même des phrases qui semblent être le relevé d'un constat le plus objectif qui soit : « c'était une belle journée d'août 1913 » peut vouloir dire qu'elle fut agréable, bien que le soleil n'ait pas brillé pour autant. Ou bien, elle peut être la traduction en « une formule démodée, mais parfaitement judicieuse »[2], comme dirait Musil à qui l'exemple est emprunté, d'une

1. L. Wittgenstein, *Recherches philosophiques*, *op. cit.*, § 7.
2. R. Musil, *L'homme sans qualités*, t. 1, trad. fr. Ph. Jaccottet, Paris, Seuil, 1956, p. 9.

longue description faite en termes météorologiques qui fait fi
du rapport affectif au monde que le premier sens pouvait
suggérer. Enfin, si Œdipe a pu se tromper après avoir entendu
les paroles de l'oracle lui annonçant son destin, ce n'est pas en
raison de l'ambiguïté de leur signification, tout à fait claire et
univoque, et il a très bien compris qu'il commettrait le parri-
cide et l'inceste. Au contraire, Œdipe s'est fourvoyé parce que
le contexte où ses paroles pouvaient être comprises en leur
sens était brouillé, par ignorance et confusion sur l'identité de
ceux qu'il croyait être ses vrais parents, et le déroulement de la
tragédie va reconduire progressivement l'indication fournie
par l'oracle dans la bonne direction.

Cela dit, même en séparant les mots des activités avec
lesquelles ils jouent et en les isolant, comme le font les
dictionnaires, leur signification indique le contexte de leurs
emplois possibles qui leur conférera un sens. La définition du
dictionnaire délimite les jeux possibles que l'on peut faire avec
un mot, elle indique l'éventail de ses emplois en les réperto-
riant. Si le mot « bâtard » signifie à la fois « adultérin » et « pain
de fantaisie », on peut comprendre comme un trait d'humour
le vers de la chanson populaire chantée par Dutronc : « le
boulanger fait des bâtards », ainsi que cet autre « À la Villette
on tranche le lard », de sorte que la chanson peut apparaître
comme une description de la vie nocturne parisienne, agitée à
tous égards. Une phrase n'est donc comprise dans la totalité de
son sens que lorsqu'elle joue avec le réel, le contexte.

De même, s'il arrive que la poésie suspende le rapport à
la réalité (de manière différente, mais pas forcément toujours
plus radicale, de la fiction), et qu'il soit impossible de déterminer exactement de quoi parle un poème (et s'il parle
vraiment de quelque chose), il reste que les mots indiquent
toujours un contexte qui, même s'il reste indéterminé,

permettra à l'interprétation de se frayer un chemin. Valéry affirme : « Mes vers ont le sens qu'on leur prête »[1], mais les vers de son poème *Les pas*, dont le sens reste certes indéterminé, excluent d'emblée certaines façons de le comprendre, par exemple qu'il s'agisse des pas d'un randonneur pressé ou ceux, cadencés, d'un militaire qui défile, puisqu'ils concernent ceux, « retenus », « lentement et saintement placés » d'une personne qui avance vers le poète, ou à tout le moins vers le « Je » de celui qui parle dans le poème. La signification du poème de Valéry configure donc bien un sens, certes indéterminé et qui appelle pour cette raison l'interprétation, mais cette indétermination a lieu sur le fond du signe de l'attente qui indique à l'interprétation des sens possibles qu'elle peut déterminer comme attente de la personne aimée, de l'inspiration poétique ou encore de la mort – ainsi que le proposent les interprétations traditionnelles du poème.

On peut donc distinguer sens et signification de la manière suivante : le sens représente l'excès de la signification linguistique, il désigne le jeu que le langage joue avec la réalité sur laquelle il rebondit comme le ballon sur le mur ; ce jeu met en évidence le contexte et la façon dont il faut s'y prendre avec les mots pour comprendre dans la totalité de son sens ce qui est dit. La parfaite détermination de la signification ne suffit pas, en tout cas, à déterminer parfaitement le sens, il faut pour cela que les mots entrent dans un jeu de langage, et c'est dans ce jeu que le sens peut apparaître.

1. P. Valéry, *Œuvres I*, « Bibliothèque de La Pléiade », Paris, Gallimard, 1973, p. 1509.

Dit autrement, le sens est une direction[1] qu'indique la signification. C'est ce contexte que le cours de la parole peut chercher à clarifier en mettant en évidence de façon explicite, si nécessaire, les connexions signifiées. Mais pour le faire, il faut avoir compris. L'explicitation n'est pas en ce sens une interprétation, elle clarifie ce qui est déjà compris quand l'interprétation vise la clarification parce que ce n'est pas compris.

Wittgenstein et Gadamer attirent tous deux l'attention sur le lien qui existe, en allemand, entre signification (*Bedeutung*) et interprétation/indication (*Deutung*).

> «Signification» [*Bedeutung*] vient en allemand de «indiquer» [*deuten*].
> Distinguons maintenant un double sens du terme interpréter [*deuten*]: indiquer quelque chose [*auf etwas deuten*] et donner un sens à quelque chose [*etwas deuten*]. De toute évidence, ces deux sens sont en rapport l'un avec l'autre. «Indiquer quelque» chose signifie montrer, ce qui l'apparente au signe. «Donner un sens à quelque chose» est toujours déjà réfléchi et renvoie à ce genre de signe qui indique déjà quelque chose de lui-même. Par conséquent, «donner un sens à» signifie: donner un sens à quelque chose qui indique [*ein Deuten deuten*][2].

La signification (*Bedeutung*) est l'indication (*Deuten*) d'un sens, d'une direction, elle pointe vers l'horizon délimité, le contexte (possible, si l'on lit la définition dans le

---

1. *Cf.* H.-G. Gadamer, *Vérité et méthode*, *op. cit.*, p. 385 : « Le sens est [...] un sens directionnel ».
2. Wittgenstein, *Grammaire philosophique*, trad. fr. A.-M. Lescourret, Paris, Gallimard, 1980, p. 81. H.-G. Gadamer, *L'actualité du beau*, *op. cit.*, p. 97.

dictionnaire; réel, si les mots sont employés dans une situation déterminée) au sein duquel la tentative de comprendre (*intellegere*) s'oriente, en cherchant à recueillir (*legere – legein*) les différents éléments et les rassembler ou les relier entre eux (*inter*) afin qu'ils se présentent en une unité intelligible. La signification indique donc « ce en quoi la compréhensibilité de quelque chose se tient », ce qui est, selon Heidegger, la définition du sens[1]. Par conséquent, les mots, pas plus que les signes dont nous avons parlé plus haut, ne renvoient à une chose. Le sens n'est pas la chose qu'il signifie; les choses n'ont pas de sens. La signification d'un mot indique les contextes de son emploi, au sein desquels il sera compris en son sens. Ainsi le mot « parpaing », prononcé sur le chantier de construction, est compris comme « apporte-moi un parpaing », mais resterait énigmatique s'il l'était par le gendarme occupé à réguler la circulation au carrefour. Comme l'écrit Wittgenstein, « la signification d'un mot est son emploi dans le langage »[2]. La signification et le sens indiquent un rapport au monde : ils sont « dehors », dans l'orientation qu'il nous indique, non pas dans la tête de celui qui emploie le mot. La fonction du signe est de diriger le regard com-préhensif. Le sens est une structure de l'être-au-monde, non pas une chose ni une entité mentale.

Le sens est, *mutatis mutandis*, comme le rythme, qui ne peut être entendu qu'à la condition d'être rythmé. Lorsque nous écoutons une suite de sons se répéter à une cadence régulière, nous ne pouvons nous empêcher de la rythmer. Le rythme n'est à chercher ni dans les rapports physiques dont sont constitués les sons, ni dans la tête de celui qui les écoute. Ce n'est qu'à la condition d'être extrait en rythmant, en même

1. Heidegger, *Sein und Zeit, op. cit.*, § 32, p. 151.
2. Wittgenstein, *Recherches philosophiques, op. cit.*, § 43.

temps qu'il est projeté dans la chose qu'on écoute, que le rythme est perçu. C'est ainsi qu'on l'entend. De même, le sens n'est pas à proprement parler dans la chose, il se tient dans la relation qu'est le jeu de langage et il ouvre ainsi un espace permettant un rapport adéquat à ce qu'il indique.

Le sens est inséparable d'un jeu de langage avec lequel il se confond. Qu'il y ait jeu signifie que le sens est une relation. Il n'y a de jeu que s'il est joué. Tant que le jeu de cartes reste sur la table, cela ne suffit pas à faire le jeu. Ou alors c'est un jeu réifié. Le jeu ne se configure que dans la mise en jeu des éléments qui le composent. Au jeu appartient donc aussi le joueur qui, en jouant, contribue à ce que le jeu se configure. C'est pourquoi on ne peut considérer le jeu comme une prestation de la subjectivité. Certes il faut bien quelqu'un qui joue, tout comme il faut bien le jeu de cartes, mais le jeu ne se configure que dans l'acte de jouer. Le jeu n'est donc ni simplement subjectif ni simplement objectif, c'est un processus moyen qui se configure dans la relation du sujet et de l'objet. Si le sens est inséparable d'un jeu de langage au sein duquel il se configure, c'est donc qu'il est relationnel : il est cette configuration qui émerge du jeu entre le langage et la réalité qui, tenus ensemble, symboliquement donc, permet de s'orienter comme il convient, par exemple en apportant un parpaing après avoir entendu le mot « parpaing ».

Interpréter, comme le remarque Gadamer, c'est donner un sens à quelque chose qui indique (*ein Deuten deuten*) quelque chose de lui-même. L'interprétation est donc toujours réflexive, elle est une reprise consciente du mouvement de la compréhension dès lors que celui-ci s'est interrompu, parce que l'indication n'est pas claire ou bien parce qu'elle est indéterminée. Quand la direction, indiquée par le sens, recèle une certaine indétermination, ou bien quand cette direction qui nous semblait déterminée ne mène à rien, et que la circulation du sens est interrompue, il faut interpréter. Par conséquent, s'il est nécessaire d'interpréter quand on ne comprend pas, alors il faut toujours en quelque façon tracer son chemin, parce qu'il n'est pas totalement ouvert ni balisé.

Il résulte de tout cela que tout signe a bien un sens. En tant que connexion réifiée du monde de la vie, il concentre en lui, même quand il est employé seul, une articulation que le discours peut expliciter, s'il est vrai que le mot employé seul a valeur de phrase elliptique. C'est pourquoi on peut dire, en un sens qu'il faut préciser, que le signe a valeur de texte dont le sens est inséparable du contexte.

Texte

Les signes ont, en tant que connexions réifiées, une capacité à rendre présent ce qui ne l'est pas. Ils attirent l'attention sur ce que, sans eux, l'on risquerait de ne pas voir ou ce qu'on ne voit pas, mais qu'il est important de voir pour une raison quelconque et en fonction du rapport que l'on entretient au monde. Ils nous rendent, littéralement, pré-voyants, comme le met bien en évidence le panneau de signalisation routière. Les connexions que les signes indiquent et rendent manifestes peuvent assurément être plus ou moins durables. Il se peut qu'il n'y ait plus de cerfs dans la forêt, et que le panneau de signalisation indiquant le passage d'animaux sauvages n'ait plus lieu d'être maintenu. Mais la fonction du signe est toujours d'attirer l'attention sur autre chose que lui, sur une connexion qui se trouve dans le monde. Le signe opère donc une médiation symbolique avec les connexions du monde de la vie auxquelles il renvoie et qu'il signifie.

Un signe employé seul, isolé ou écarté de son contexte d'emploi, perd son sens, ou du moins celui-ci demeure dans une certaine indétermination. Si le signe indique symboliquement une connexion dans le monde, il a la valeur d'un discours articulé, qu'il condense et concentre. En tant que connexion réifiée, il peut se fixer par écrit et, ce faisant, devient un texte, au sens où le mot *textus*, trame, entrelacement, ne désigne pas d'abord « un document écrit, mais plutôt l'*ordre* du discours » dont l'« équivalent en grec est *logos*, qui signifie discours, et cela au sens d'une multiplicité articulée dans le langage, composée ou assemblée pour former une unité »[1]. Le signe, même seul, a en ce sens la valeur de texte qui indique un contexte avec lequel il forme une unité symbolique. Le contexte en question peut être réel ou non. L'avis d'ouverture et de fermeture de la chasse que le garde-champêtre placarde dès sa réception en mairie renvoie à un contexte réel, tandis que la fiction ouvre d'elle-même son propre contexte, ce qui ne veut pas dire nécessairement, on le verra, qu'elle n'ait rien à nous apprendre sur le réel. Dans les deux cas, le signe attire l'attention sur autre chose que lui, sur une connexion qui se trouve dans le monde (réel ou fictif) « en tant que celui-ci est texture. Inversement, la texture est la connexion qui peut se fixer par le moyen des signes et qui s'ouvre chaque fois dans une telle fixation »[2]. Le signe nous donne accès à certaines connexions du monde parce qu'il est mis pour ces connexions auxquelles ils renvoient en nous ouvrant à elles.

Si le mot de texte signifie d'abord l'ordre du discours, on comprend que le document écrit représente une forme particulièrement évidente de l'entité textuelle. En fixant par écrit l'ordre du discours, le texte acquiert un degré d'objectivité qui

---

1. G. Figal, *Gegenständlichkeit*, *op. cit.*, p. 68, qui renvoie à Quintilien, *Institution oratoire*, livre IV, 13.
2. G. Figal, *Gegenständlichkeit*, *op. cit.*, p. 248.

le rend contrôlable, parce qu'il est possible d'y retourner à loisir dès lors qu'on le souhaite. Ce faisant, le texte est une « référence stable par rapport à la fragilité arbitraire ou du moins à la multiplicité des possibilités d'interprétation dirigées sur le texte »[1] : il demeure le garant des interprétations auxquelles il peut donner lieu. En outre, l'écriture fixe l'*ordre* même du discours, du *textus*, des *logoï*, c'est-à-dire l'entrelacement des mots qui forme une totalité cohérente et unifiée, sensée. Il est une articulation explicite, à la différence d'un signe isolé. Mais l'écrit, en fixant l'ordre du discours, ne se contente pas de le conserver au-delà de son existence passagère. En se fixant par écrit, le texte modifie le rapport à la langue caractéristique de la parole vive dans la vie de tous les jours. Dans l'écrit, ce qui est dit s'émancipe du contexte initial où il est proféré, et par conséquent, l'intention de l'auteur et ce que dit le texte ne coïncident pas : le texte s'adresse à quiconque sait lire, et la compréhension s'élargit au-delà de l'interlocution.

De ce point de vue, le texte ne doit pas être considéré comme une dérivation ni une substitution de la parole à laquelle il renverrait et qu'il réaliserait en la fixant dans l'écrit. Il représente plutôt un phénomène original. Si on mesure l'écrit à l'aune de la parole, il ne peut qu'apparaître, comme le dit Platon dans le *Phèdre*, déficitaire par rapport à elle, privé qu'il est de son auteur, de la vitalité qui caractérise le dialogue et de la possibilité qu'a le locuteur de défendre ses positions face à celles de l'autre. Et même lorsqu'un écrit a la forme d'un dialogue, et que les personnages sont alors présentés comme s'ils pensaient, il reste qu'il s'agit d'un texte écrit qui, s'il

---

1. H.-G. Gadamer, *L'art de comprendre*, t. 2, trad. fr. P. Fruchon *et alii*, Paris, Aubier, 1991, p. 207.

donne à penser, ne parle pas. Si l'écrit ne parle pas et qu'il garde le silence en se contentant de signifier toujours la même chose, c'est parce qu'il n'est pas du même ordre que le dialogue.

L'écriture confère une idéalité abstraite aux discours. L'idéalité du texte dans l'écrit, qui nous semble une évidence, est le résultat d'une abstraction qui, comme le rappelle C. Ginzburg, ne va pas de soi[1]. Reproduire un texte, ce n'est pas produire un faux, alors que ce n'est pas tout à fait le cas pour une œuvre d'art plastique. La constitution de l'objet « texte » suppose une certaine « dématérialisation » : que soient écartés comme non pertinents de nombreux éléments sensibles, ceux liés à l'oralité, à la gestualité, et à ce que l'écriture a de « physique ». Or, il suffit de penser à la calligraphie dans la poésie chinoise et à la fonction de l'intonation dans la littérature orale pour voir combien tous ces éléments sont déterminants dans d'autres traditions. C'est au prix d'une dématérialisation de l'écrit, revenant à ne garder que les éléments reproductibles, que le texte parvient à se distinguer de son support auquel il ne s'identifie plus. Le texte a ainsi la capacité de « se décontextualiser de manière à se laisser recontextualiser dans une nouvelle situation : ce qui fait précisément l'acte de lire »[2]. On peut entendre cette recontextualisation de deux façons. Cela peut vouloir dire qu'il faut, pour comprendre le texte, le remettre dans le contexte (en le reconstruisant historiquement, sociologiquement) qui était le sien ; ou bien que la décontextualisation ouvre des potentialités de sens que la situation de lecture libère par la recontextualisation du texte.

---

1. *Cf.* C. Ginzburg, *Miti, emblemi, spie. Morfologia e storia*, Turin, Einaudi, 2000, p. 171 *sq.*

2. P. Ricœur, *Du texte à l'action*, Paris, Seuil, 1986, p. 111.

Les deux options n'ont rien d'incompatible. Pour le dire schématiquement, on peut lire et interpréter par exemple les textes des Moralistes du XVIIᵉ siècle dans le but de comprendre la société de cour, ou s'appuyer sur l'histoire de la société de cour pour comprendre les Moralistes – ou les deux, ce qui est souvent le cas. Mais on peut aussi les lire en supposant qu'ils ont quelque chose à nous apprendre sur nous-mêmes et le monde : approfondir les Moralistes revient alors à approfondir la réalité tout court et mieux la comprendre, en l'occurrence mieux comprendre les ressorts de l'âme humaine.

L'écrit, s'il ne parle pas, donne quelque chose à entendre, et c'est pourquoi il appelle la lecture et l'interprétation. Dans le dialogue, la clarification des propos se fait dans l'échange de la parole, chaque interlocuteur pouvant demander à l'autre des précisions sur ce qu'il dit. De ce fait, la parole vive se passe d'interprétation. Naturellement, il arrive, comme le dit Schleiermacher, qu'au cours d'une conversation, on se surprenne à faire des opérations interprétatives quand, au lieu de se contenter de la compréhension ordinaire qui advient, on cherche par exemple « à découvrir la manière dont a bien pu chez [notre] interlocuteur s'accomplir le passage d'une idée à une autre, ou à dégager les idées, jugements ou intentions qui font que, sur le sujet de la discussion, il s'exprime comme il le fait et non pas autrement »[1]. Mais le contexte dialogique permet en principe leur élucidation dans le cours du dialogue lui-même. Par conséquent, on comprend pourquoi l'interprétation trouve avec le texte son objet paradigmatique : le texte est fait pour l'interprétation, d'une part parce qu'il donne quelque chose à penser en dehors du contexte qui l'a vu naître ;

1. F. Schleiermacher, *Herméneutique*, trad. fr. Ch. Berner, Paris-Lille, Cerf-PUL, 1989, p. 162.

d'autre part, comme on le verra plus loin, parce que c'est en tant que *textus*, totalité de sens dont l'unité peut poser problème, comme ce qui est à comprendre, donc en relation avec l'interprétation.

Bien qu'ils ne pensent pas, les textes «disent quelque chose comme s'ils réfléchissaient». Ils offrent ainsi à la lecture «l'*élément extérieur*» de la pensée, «qui est *pour* la pensée – extérieur parce qu'il n'est pas lui-même la pensée, et *pour* la pensée en raison de sa coappartenance avec elle»[1]. Cette dimension d'extériorité de la pensée dans le texte est ce qui peut appeler l'interprétation, justement quand elle offre une résistance à la compréhension. Le lecteur doit alors donner un sens à partir d'une direction que le texte indique lui-même mais que le lecteur a du mal à entrevoir. Parce qu'il offre l'élément extérieur de la pensée, le texte représente une provocation pour la pensée du lecteur : il l'appelle du dehors et l'oblige à un décentrement. La pensée ne part plus d'elle-même, elle est tirée hors d'elle-même dans une direction qu'elle n'a pas choisie ; le texte lui indique un sens qui vient d'ailleurs qu'elle. En outre, l'*ordre* du texte, qui est la pensée fixée, ne se manifeste que dans la lecture ; celle-ci, en suivant les directions de sens qu'indique le texte, parvient à mettre au jour l'ordre qui structure celui-ci : l'ordre qu'il est et le contexte qu'il ouvre.

Toute lecture est donc structurée par une «attente textuelle»[2], elle se dirige vers l'*ordre* du texte qu'elle présuppose et qui la guide, vers sa «lisibilité»[3]. Un texte n'est lisible que s'il est compréhensible, s'il forme un tout structuré et

---

1. G. Figal, *Gegenständlichkeit*, *op. cit.*, p. 73.
2. *Ibid.*, p. 69.
3. *Cf.* H.-G. Gadamer, *L'art de comprendre*, t. 2, *op. cit.*, p. 208.

sensé, un ordre ; s'il n'est pas lisible, il ne correspond pas à ce que *doit être* un texte. La lisibilité en ce sens désigne une qualité objective du texte que, seule, naturellement la lecture découvre. La lisibilité du texte n'équivaut donc pas nécessairement à la facilité qu'il y a à le lire. Un texte difficile à lire peut être très lisible, il requiert simplement des efforts. Et lorsque l'on cherche à comprendre un texte parce que son sens n'est pas clair, on présuppose nécessairement cette lisibilité qui ne se donne pas d'emblée mais s'ouvrira dans le travail de l'interprétation.

L'ACTE DE L'INTERPRÉTATION

Mimèsis

Le sens du texte s'actualise et se présente dans la lecture dont il est inséparable. L'interprétation commence avec la lecture, même s'il ne suffit pas de lire pour interpréter. Ce n'est pas la lecture en tant que telle qui est interprétation, sinon chaque lecture du texte fournirait une interprétation, ce qui n'est de fait pas le cas. Et si *le* sens du texte était identique à celui que lui donne chacune de ses interprétations, il y aurait autant de textes qu'il y a d'interprétations, et on ne pourrait dire alors que ce sont des interprétations *du* texte, l'élément extérieur ayant été résorbé totalement. Or une interprétation maintient une distance à l'égard de ce qu'elle interprète.

L'interprétation n'est cependant pas la mise en œuvre d'un programme, une suite d'opérations codifiées et mécaniques, comme l'est le programme d'un lave-linge ou d'un logiciel, ou encore le programme de la télévision ou celui du concert. L'interprétation n'est pas non plus une improvisation. Dans le jazz, l'improvisation est une variation rythmique, mélodique et harmonique sur un thème, à partir d'une simple grille d'accords qui laisse en quelque sorte un blanc quant à ce qui sera joué et qui, de ce fait, renvoie au talent et à la virtuosité de l'instrumentiste. Et celui qui reprendrait et imiterait à la perfection les chorus d'un grand instrumentiste n'interpréterait pas, car une machine peut en faire autant.

L'interprétation suppose un jeu particulier entre l'objet de l'interprétation et la façon dont on l'interprète, c'est-à-dire entre l'objet de l'interprétation et l'acte d'interprétation. Il y a entre eux un rapport d'identité et de différence, une relation de l'un au multiple qu'il convient de clarifier, car l'interprétation semble tenir à la fois de la programmation et de l'improvisation. D'un côté, c'est le texte (ou la partition) qui permet de mesurer la justesse et la force de l'interprétation; celle-ci s'y réfère et s'y rapporte pour éviter l'arbitraire. Mais, d'un autre côté, dès lors qu'il y a interprétation, c'est que la chose à interpréter se rapporte en même temps, en son unité même, à une multiplicité de variations qui n'en disloquent pas pour autant l'unité, sinon on ne pourrait même plus reconnaître l'interprétation comme étant l'interprétation de cette chose qui est l'objet de l'interprétation.

La signification artistique de l'interprétation, c'est-à-dire l'*exécution*, a ici toute son importance pour clarifier l'acte de l'interprétation, dans la mesure où l'exécution est un jeu, comme on le dit pour la musique ou bien le théâtre. Les arts reproductifs appellent l'interprétation, et celle-ci ne s'ajoute pas par surcroît à l'œuvre mais lui appartient essentiellement. Toute interprétation possède, en quelque façon, ce caractère de l'exécution, dans la mesure où, comme on va le voir, elle est toujours une représentation, une opération de médiation qui permet à quelque chose d'être présent et d'être reconnu comme interprétation de cette chose.

Considérons une pièce de théâtre. L'interprétation (l'exécution) est toujours en rapport avec le texte auquel elle se réfère et que les acteurs, en jouant, représentent. Mais c'est d'abord le texte lui-même qui représente quelque chose, que l'exécution, en se mettant sous sa direction, représente ensuite et amène à la présence. La représentation comporte donc une double médiation, une double *mimèsis*.

> L'écrivain représente et il en est de même de l'acteur. Mais voilà : cette double *mimèsis* n'en fait qu'*une*. C'est la même chose qui, dans l'une comme dans l'autre, parvient à la présence [*Dasein*] [1].

La représentation (*mimèsis*) inclut trois éléments : la réalité que l'écrivain représente, l'œuvre, et l'exécution de celle-ci par l'acteur (ou le lecteur). La *mimèsis* renvoie donc, d'une part, à la relation entre la réalité et l'œuvre, d'autre part à la relation entre l'œuvre et son exécution. Et l'exécution, dans le cas d'une pièce de théâtre, s'achève dans le spectateur qui y assiste. Ces deux médiations reviennent cependant au même, et ce n'est que par abstraction qu'on peut les dissocier. Il n'y a en effet qu'une seule *mimèsis* parce que le créateur, l'acteur et le spectateur sont tournés vers ce qui est représenté, et *ce qui* est représenté n'est accessible que dans ce qui *est représenté*, dans la représentation elle-même. L'écrivain, l'œuvre et l'acteur représentent une même chose. Enfin, s'il s'agit d'une double *mimèsis*, c'est que la seconde comme la première sont des interprétations, ou plutôt sont deux moments qui constituent l'intégralité de l'acte d'interpréter. Et interpréter, c'est en l'occurrence représenter. L'objet de l'interprétation a donc une présence médiate, et l'acte d'interpréter se déploie au sein d'une présence médiate.

---

1. H.-G. Gadamer, *Vérité et méthode*, *op. cit.*, p. 135.

Pour comprendre tout cela, il faut clarifier le concept de *mimèsis* qui peut être rendu aussi bien par « représentation » que par « imitation ». Ces deux traductions ne forment pas une alternative exclusive, elles s'intègrent dans l'unité du concept de *mimèsis*. Dans la *Poétique*, Aristote applique le terme de *mimèsis* aussi bien à la peinture qu'aux arts du langage, la musique et la danse : tous ont pour vocation de représenter ou d'imiter (*mimesthai*) quelque chose. Aristote précise que seul le « moyen » de la *mimèsis* varie pour chacun de ces arts, et ce moyen peut être combiné à d'autres dans certains arts mais ce n'est pas toujours le cas : la peinture représente (imite) avec le moyen des couleurs et des figures ; la poésie avec le langage (les sonorités, le sens, le rythme) ; la musique avec la mélodie et le rythme ; la danse en donnant figure à des rythmes[1]. La signification du terme de *mimèsis* est donc la même à chaque fois, et la *mimèsis* désigne un unique processus dont seuls les moyens varient.

Cette extension du concept de *mimèsis* à tous les arts permet de poser clairement la question de la nature de la relation ou de la médiation qu'est la *mimèsis*, ce qui nous éclairera sur ce qu'est l'acte d'interpréter. Si le vélo est à côté du banc, la relation « à côté de » disparaît lorsque le vélo ne s'y trouve plus. Une telle relation suppose la présence préalable des termes, extérieurs l'un par rapport à l'autre, qu'elle relie après coup. Or il est évident que la *mimèsis* artistique n'est pas de cet ordre, aussi bien en ce qui concerne le rapport du réel à l'œuvre que celui de l'œuvre à l'exécution. Avant tout parce qu'une représentation ou une imitation se réfère à quelque chose d'autre, alors que ce n'est pas le cas pour le vélo qui se

---

1. *Cf.* Aristote, *Poétique*, 47 a 18-28, trad. fr. R. Dupont-Roc, J. Lallot, Paris, Seuil, 1980, p. 33.

trouve près du banc. Cela dit, cette référence, au sens actif, implique une dualité, un écart : la représentation l'est de la pièce de théâtre, mais la pièce de théâtre ne se confond pas avec sa représentation. C'est sans doute pourquoi on peut être tenté de poser les deux éléments de la relation qu'est la *mimèsis* extérieurement l'un à l'autre, et, par suite, à penser celle-ci comme une relation de modèle à copie et comme une relation de ressemblance. Ce qui nous pousse à raisonner ainsi, c'est peut-être que des peintres ou des romanciers prennent parfois la réalité comme modèle, ou bien alors qu'il faut que « ça ressemble à quelque chose » comme on dit, sinon on n'y croit pas, ce n'est pas vraisemblable parce que « ça ne ressemble à rien ».

Or, la relation mimétique ne relie pas une copie qui ressemblerait à un modèle. Si c'était le cas, pour apprécier l'œuvre, c'est-à-dire en juger la ressemblance, il faudrait la rapporter à son modèle. Cela poserait bien des difficultés dès lors qu'il s'agirait d'apprécier *Adam et Ève* de Rubens, l'*Annonciation* de Fra Angelico du couvent San Marco, ou bien les romans narrant les aventures d'Arsène Lupin et *Tartuffe* de Molière. Il est évident que la question de rapporter l'œuvre à un modèle ou un original réel ne se pose pas ici. C'est le cas en revanche lorsqu'il s'agit d'une photographie d'identité, qui n'attire le regard sur elle que pour le détourner en direction de l'original qu'il s'agit d'identifier. Une fois l'identification faite, on se détourne de la photographie. Mais on ne dira pas de la photographie d'identité qu'elle est une représentation de l'individu, et elle n'a rien à voir avec la *mimèsis* artistique. Contempler une œuvre, c'est, au contraire de la photographie de la pièce d'identité, s'attarder devant elle, et être renvoyé du sein de cette contemplation à ce qu'elle représente. Si on est renvoyé hors du représenté (l'époque qui l'a vu naître par exemple), ce peut être un détour pour en affiner la perception, ou alors c'est qu'on ne la regarde plus d'un point de vue artistique, mais comme document servant à connaître l'époque qui l'a vu naître par exemple.

La représentation mimétique n'a pas pour fonction d'identifier une réalité extérieure à elle, mais plutôt de dégager la « forme propre » (*idia morphè*) de ce qui est représenté, de l'extraire, pour la restituer dans l'œuvre :

> Puisque la tragédie est une représentation d'hommes meilleurs que nous, il faut imiter les bons portraitistes : rendant la forme propre, ils peignent des portraits ressemblants, mais en plus beau ; de même le poète qui représente des hommes coléreux et apathiques, ou avec d'autres traits de caractères de ce genre, doit leur donner, dans ce genre, une qualité supérieure ; un exemple en matière de dureté, c'est l'Achille d'Agathon et d'Homère[1].

Naturellement, le fait de faire des portraits ressemblants, mais en plus beaux, ne manque pas de surprendre. Si rendre la forme propre signifie idéaliser, la représentation risque de n'être plus tout à fait ressemblante. S'il en va « de même » en ce qui concerne les qualités négatives que sont l'apathie et la colère, c'est qu'on les atténue en les présentant comme moralement acceptables, mais alors, en ce cas non plus, on ne pourra pas parler véritablement d'une ressemblance. Dégager la forme propre, précise Aristote, c'est donner une « qualité supérieure » (*epieikeis*), non pas au sens moral, mais au sens où il s'agit de faire ressortir une qualité appropriée, qui convient à ce que l'on veut représenter. Par conséquent, dégager la forme propre en donnant une qualité supérieure vaut pour toutes les

---

1. Aristote, *Poétique*, *op. cit.*, 54 b 8-14, p. 87.

qualités : la noblesse et la bassesse, mais aussi la moyenne qui caractérise la plupart d'entre nous, ce que confirme Aristote par ailleurs [1].

Représenter ou imiter, c'est extraire la forme propre, c'est-à-dire lui donner une qualité supérieure, qui convient au genre (bassesse, noblesse, moyenne, selon la typologie que propose Aristote) auquel elle appartient. C'est donc la rendre reconnaissable. En écrivant *Tartuffe*, l'important, en ce qui concerne la *mimèsis* artistique, n'est pas que Molière ait eu un modèle réel ou pas, mais au contraire qu'il ait réussi à représenter *ce qu'*il visait : l'hypocrisie et la bigoterie, à en faire *ressortir* les traits typiques, à les extraire des contingences dans lesquelles on peut les rencontrer dans la vie quotidienne, pour les *transposer* dans l'œuvre où elles sont alors reconnaissables de façon frappante, sous un certain aspect. Car on suppose que la dureté d'Achille n'a pas le même aspect, selon qu'il s'agit d'Agathon et d'Homère. De même que l'on suppose que le personnage d'Achille n'épuise pas tous les aspects de la qualité de dureté, qui pourrait donc être représentée autrement, dans un autre personnage, par exemple le Capitaine Achab de *Moby Dick*, ou bien celui qu'incarne Fernandel, dans le film de Ch. Jaque, *Raphaël le tatoué*, lorsqu'il se glisse dans la peau d'un frère imaginaire, « un vrai, un dur, un tatoué » comme le dit la chanson. La *mimèsis* n'exclut donc pas que les qualités qu'elle fait ressortir et met en évidence soient configurées autrement. En cela elle est une interprétation, elle fait jouer le rapport un/multiple, identité/différence. Mais à chaque fois, il faut que cela convienne à la qualité représentée. Si c'est le cas, elle ressort en elle-même, mais sous un certain aspect, celui qu'incarne Achille ou Raphaël, et, étant extraite

---

1. *Cf.* Aristote, *Poétique*, *op. cit.*, 48 a 1-9, p. 37.

des circonstances auxquelles elle se trouve mêlée dans la vie de tous les jours, on la reconnaît.

Le sens d'une telle reconnaissance inhérente à la *mimèsis* devient tout à fait clair lorsque Aristote invoque cette «tendance naturelle» qu'ont les enfants à imiter (rendre *mimesthai* de cette façon sonne mieux ici), et lorsqu'il rappelle le rôle de l'imitation dans l'apprentissage ainsi que le plaisir que l'homme éprouve aux représentations. Et du même coup, le rapport complexe de la *mimèsis* à la réalité s'éclaire. De tout cela nous dit Aristote, l'expérience nous apporte une preuve :

> Nous avons plaisir à regarder les images les plus soignées des choses dont la vue nous est pénible dans la réalité, par exemple les formes d'animaux parfaitement ignobles ou de cadavres ; la raison en est qu'apprendre est un plaisir non seulement pour les philosophes, mais également pour les autres hommes […] ; en effet si l'on aime à voir des images, c'est qu'en les regardant, on apprend à connaître et on conclut ce qu'est chaque chose comme lorsqu'on dit : celui-là, c'est lui ! Car si on n'a pas vu auparavant, ce n'est pas la représentation qui procurera le plaisir, mais il viendra du fini de l'exécution, de la couleur ou d'une autre cause de ce genre [1].

En extrayant la forme propre qu'elle restitue dans l'œuvre, la *mimèsis* exerce un effet en retour sur la réalité qu'elle révèle. Mais il faut pour cela qu'elle soit jouée sur scène, ou activée dans la lecture, ou contemplée comme pour le tableau. L'œuvre (la représentation mimétique) ne parvient à la présence ou à l'existence qu'à condition d'être représentée, d'être jouée (ou d'être lue, regardée), c'est alors seulement

---

1. Aristote, *Poétique*, *op. cit.*, 48 b 4-19, p. 43.

qu'on accède à *ce qu'*elle représente. Sinon elle demeure lettre morte, elle n'a pas d'existence, de présence.

Le recours à l'imitation de l'enfant permet d'éclairer ce que veut dire représenter, *mimesthai*. L'enfant qui imite est mécontent si on ne le prend pas pour celui qu'il imite. Lorsqu'il attire l'attention sur lui en imitant, c'est pour que nous puissions reconnaître, *dans* son comportement même, *ce qu'*il montre en l'incarnant. Il en va de même, *mutatis mutandis*, pour l'acteur. Si le spectateur voit l'acteur derrière le personnage qu'il incarne, c'est que la représentation est ratée. Le jeu de l'acteur a pour vocation de représenter quelque chose, de l'amener à la présence. Représenter pour l'acteur consiste à *transposer sur soi, sur son comportement, quelque chose d'autre et ce faisant à le rendre présent.* Cette transposition qu'effectue l'acteur maintient une *distance* avec ce qui est représenté, et cette distance est la source du plaisir éprouvé : on sait que ce n'est pas vrai, que c'est une représentation, que l'acteur fait comme si, mais on fait comme si c'était vrai, on se laisse prendre par l'intrigue qui peut nous captiver comme on dit, et le plaisir qu'on en tire vient du fait qu'on sait que ce n'est pas vrai. *La représentation mimétique génère une différence avec le réel (elle fait comme si), elle est une transposition dans le réel de ce qu'elle représente (elle présente quelque chose) et à quoi elle renvoie.* Il en va ainsi de l'acteur qui interprète un rôle, mais c'est aussi ce que fait celui qui interprète un texte : il transpose quelque chose d'autre (l'élément extérieur qu'est le texte) sur lui (les hypothèses de sens qu'il propose), et cette transposition est le médium qui contribue à rendre présent le sens du texte, *dans* la médiation même qu'est l'interprétation, par exemple dans le texte qu'il écrit. Et il en va de même naturellement de la traduction, qui est une transposition de quelque chose sur autre chose qui s'y réfère, sans abolir la différence. Il en va ainsi pour l'écrivain également dont l'imagination bricole avec la réalité de mille façons pour extraire la forme propre. Et c'est là une remarque que l'on peut, on verra, généraliser.

C'est parce que la forme propre est extraite de la réalité et restituée dans l'œuvre que l'exécution de l'œuvre peut exercer un effet en retour sur le réel. Le spectateur (ou le lecteur) reconnaît la dureté dans l'Achille, l'hypocrisie dans le Tartuffe. D'où l'effet en retour : soudain, dans la réalité, untel apparaît comme Tartuffe qu'on a vu sur scène : « c'est un Tartuffe », « c'est vraiment un Tartuffe », ou comme le dit Aristote, « celui-là, c'est lui » ! La représentation mimétique a une puissance de révélation de la réalité. Cette révélation est celle d'une présence médiatisée par la représentation, ou mieux elle est la représentation en tant que celle-ci est une présence médiatisée.

C'est pourquoi la représentation ne répète pas un savoir, mais elle l'inaugure : dans la représentation, on apprend à connaître dit Aristote. Par la médiation de la représentation, je vois la réalité telle que je ne la voyais pas jusqu'alors, la représentation me permet d'appréhender la réalité d'une façon nouvelle. La représentation creuse un écart entre elle-même et ce qu'elle représente (je vois la tartufferie dans l'acteur) au sein duquel peut s'opérer la transposition me permettant de reconnaître et d'identifier ensuite quelque chose avec autre chose, de voir un Tartuffe dans l'individu qui est devant moi. Pour cela, il est nécessaire comme dit Aristote, d'avoir vu auparavant. Sans le dégagement de la forme propre qu'opère la *mimèsis*, ce serait en effet une chose impossible. Cela explique vraisemblablement le plaisir pris aux spectacles d'objets ignobles ou de cadavres. La raie gluante pendue au croc chez le poissonnier peut donner la nausée, comme la leçon d'anatomie à laquelle assiste pour la première fois l'étudiant en médecine. Mais leur représentation chez Chardin et Rembrandt procure du plaisir, sans doute parce que l'opération de la représentation rend possible l'accès, *médiatisé*, à ce que nous ne pouvons voir directement dans le réel, comme si c'était vrai tout en sachant que ce ne l'est pas.

La double médiation qu'est la *mimèsis* vise *ce qui* est représenté. Cette représentation est celle d'une présence doublement *médiatisée* : l'extraction de la forme propre et sa restitution dans l'œuvre d'une part, l'exécution d'autre part qui la rend présente et la fait exister. On comprend alors pourquoi la question de la ressemblance à un modèle réel et celle de son imitation sont secondaires. On peut distinguer un sens interne et un sens externe de la représentation. En tant qu'elle se rapporte au contenu d'une représentation, il est sensé de dire que la représentation est ressemblante ou non, elle a les traits qui permettent d'identifier la chose représentée : Adam et Ève par exemple, et de ne pas les confondre avec un couple de naturistes, ou bien un couple s'étant fait dépouiller de ses vêtements par des voyous. De ce point de vue, on peut accorder à la représentation une vérité, une conformité au contenu : c'est bien Adam et Ève qui sont représentés. Mais si l'on rapporte la représentation à la réalité, la question de savoir si elle est vraie ne se pose pas car elle n'a pas de sens, pour la simple raison que ce qu'elle dénote n'existe pas. Il n'est donc pas nécessaire qu'existe quelque chose à quoi l'imitation ressemble ; tout au plus, comme le dit Danto, « ce qui est exigé, c'est [...] qu'elle ressemble à ce qu'elle représente *au cas où elle serait vraie* »[1]. Le cas du portrait en peinture confirme tout cela. Sa

1. A. Danto, *La transfiguration du banal*, trad. fr. Cl. Hary-Schaeffer, Paris, Seuil, 1989, p. 125.

fonction est de mettre en évidence la forme propre, de la faire ressortir : le vol ou l'envie dans les représentations de la mono-manie chez Géricault ; une certaine idée de la royauté (et de Louis XIV) dans le portrait du roi Soleil peint par Hyacinthe Rigaud. Mais on suppose que le portrait de Louis XIV ressemble à ce qu'était Louis XIV et non à Colbert. Cela dit, il reste qu'en matière de *mimèsis*, c'est le texte (ou l'œuvre) qui éclaire la référence en donnant un sens à celle-ci ; ce n'est pas le donné référentiel qui permet de comprendre et d'interpréter le texte.

La double médiation qu'est la *mimèsis* n'a donc rien à voir avec une relation extérieure. Dans la représentation, ce qui est représenté est présent dans une « relation mimétique origi-naire » comme dit Gadamer[1], une présence médiatisée, une médiation qui présente. Il faut donc partir de la représentation elle-même, et non pas de la réalité si on veut comprendre la *mimèsis*. L'œuvre (la représentation) rend présent quelque chose qui ne se donne pas ailleurs qu'en elle. La représentation de la dureté d'Achille, c'est à la fois la représentation qu'Homère en a donnée et celle qui est représentée sur scène (ou qui se présente dans la lecture). Les deux reviennent au même, car la dernière ne s'ajoute pas par surcroît à la première, elle contribue, et elle seule, à l'accomplir. L'interprétation est ce jeu doublement médiatisé.

La *mimèsis* est une représentation différenciée, et le représenté par conséquent ne coïncide en quelque sorte jamais avec lui-même ; il s'ouvre à la multiplicité de ses représentations, de ses interprétations. Comme nous l'avons dit, la dureté d'un homme peut être représentée sous d'autres aspects que celle qu'elle prend dans le personnage d'Achille,

---

1. H.-G. Gadamer, *Vérité et méthode*, *op. cit.*, p. 131.

et la représentation de la dureté d'Achille peut être représentée à la façon d'Homère ou d'Agathon ; d'autre part, la mise en scène peut représenter de façon différente la pièce d'Homère. Dans le jeu de la représentation, la présence de ce qui est représenté est donc dis-jointe : dans la représentation, l'œuvre se présente *elle-même*, mais c'est *une* représentation. L'œuvre a une identité spéculative : elle est une seule et même chose, en même temps pourtant différente, et c'est pourquoi elle est ouverte à l'histoire de ses interprétations. L'interprétation constitue en ce sens l'« accomplissement » de l'œuvre ; cet accomplissement a son sens dans le rapport à l'œuvre qui est l'élément extérieur auquel l'interprétation se réfère et sur lequel elle se norme ; l'interprétation vit donc toujours dans ce rapport avec lequel elle se confond, et c'est ainsi qu'elle s'accomplit. Elle ne résorbe et n'assimile jamais l'altérité de ce qui est interprété. C'est pourquoi, comme l'écrit Merleau-Ponty :

> C'est l'œuvre elle-même qui a ouvert le champ d'où elle apparaît dans un autre jour, c'est elle qui *se* métamorphose et *devient* la suite, les réinterprétations interminables dont elle est *légitimement* susceptible ne la changent qu'en elle-même [1].

L'œuvre *se* déploie dans ses représentations, et même si la variété de ses exécutions peut dépendre de la façon dont les exécutants la conçoivent, le génitif de l'expression « représentation de l'œuvre » est à entendre au sens subjectif :

> Il ne s'agit aucunement d'une simple variété subjective de conceptions, mais de possibilités d'être propres à l'œuvre,

---

1. M. Merleau-Ponty, *L'œil et l'esprit*, Paris, Gallimard, 1964, p. 62.

laquelle, pour ainsi dire, s'interprète [ou s'explicite, *sich auslegt*] elle-même dans la variété de ses aspects[1].

On peut donc dire que l'acte d'interprétation est *une transposition de quelque chose sur quelque chose d'autre, par laquelle on reconnaît quelque chose en le représentant*; ou bien encore c'est *une transposition qui consiste à représenter quelque chose, et, ce faisant, qui permet de le reconnaître*.

Cercle herméneutique

Si la chose représentée dans le texte *se* déploie *elle-même* dans sa représentation, ce déploiement ne se fait naturellement pas sans l'activité de l'interprète dont il convient de préciser ce qu'elle est. Nous avons dit plus haut que l'interprétation commence avec la lecture, qu'elle opère dans le milieu de la présence médiatisée par la lecture, mais qu'elle n'est pas la lecture comme telle.

La lecture se déploie dans un cercle – le cercle herméneutique –, dont il faut clarifier la teneur[2]. La figure du cercle se démarque de la linéarité caractéristique de l'ordre des raisons qui, d'un principe premier, fait dériver les autres propositions. Il est évident que le processus de la compréhension d'un texte n'obéit pas à la linéarité d'un ordre de raisons, quand bien même le lecteur doit suivre, au moins une première fois, la linéarité du texte, ligne après ligne et page après page, s'il veut se faire une première idée du sens du tout. La figure du cercle est là d'abord pour décrire ce qui arrive lorsqu'un lecteur lit un texte. En cela, le cercle herméneutique

---

1. H.-G. Gadamer, *Vérité et méthode*, *op. cit.*, p. 135.
2. *Cf.* H.-G. Gadamer, *Vérité et méthode*, *op. cit.*, p. 286 *sq.*

ne renvoie pas d'abord à une méthode, mais il précède toute méthode ou, mieux peut-être, il l'accompagne constamment.

La compréhension d'un texte procède par anticipations, par ébauches de sens rectifiées au fur et à mesure de l'avancée dans la lecture et de l'approfondissement du sens. Dès qu'un premier sens se manifeste, cette anticipation a lieu; cela arrive déjà lorsque le lecteur va jeter un œil sur la table des matières ou qu'il feuillette l'ouvrage, avant même d'en entamer la lecture. La lecture procède donc par une régulation réciproque du sens du tout et de celui des parties, en un élargissement de cercles concentriques au sein desquels le sens du texte apparaît, ce qui veut dire que la compréhension se règle objectivement sur ce qui est à comprendre : les projections de sens et leurs rectifications sont orientées vers le texte qui leur sert de guide et sur lequel elles se règlent et se corrigent afin de le comprendre. En ce sens, le cercle herméneutique est une structure inhérente à toute volonté de comprendre. Celle-ci présuppose, comme ce qui la rend possible, une « anticipation de la perfection » qui signifie que « n'est compréhensible que ce qui présente une unité parfaite de sens »[1], ce que nous avons appelé plus haut la lisibilité du texte. L'expérience de la concentration du lecteur le montre bien. C'est avec raison, dit Gadamer, qu'on appelle « concentration » le fait de s'enfoncer dans la lecture; le terme est éloquent car, quand on est concentré, « on est vraiment dirigé vers un centre, à partir d'où le tout s'articule dans un assemblage significatif »[2]. Il s'agit là d'une bonne illustration de la double *mimèsis* : la concentration subjective du lecteur est tout entière tournée

---

1. H.-G. Gadamer, *Vérité et méthode*, *op. cit.*, p. 315.
2. H.-G. Gadamer, *Gesammelte Werke 10. Hermeneutik im Rückblick*, Tübingen, Mohr Siebeck, 1995, p. 161.

vers la concentration objective du texte, vers l'*ordre* du discours qui con-centre ce qu'il dit ; c'est cet ordre que l'on présuppose, on le recherche en même temps qu'il nous guide lors de la lecture. Sans un tel ordre, on ne pourrait comprendre, et si on ne comprend pas, faute de l'apercevoir, la volonté de comprendre le présuppose, sinon on ne se donnerait même pas la peine de chercher à comprendre. Généralement, mais cela dépend de la nature des textes, le mouvement de la lecture qui procède par anticipations et rectifications de sens se résorbe au fur et à mesure de l'avancée de la lecture, il se résorbe dans la compréhension.

L'interprétation ne se confond pas avec ce mouvement de la circularité herméneutique correspondant au déploiement de la lecture, car ni l'usage du signe ni le signe comme tels ne requièrent une interprétation. S'il fallait donner une interprétation de la phrase que nous lisons pour parvenir à la comprendre, alors cette interprétation ne pourrait que rester « en suspens, avec ce qu'elle interprète » ; elle ne pourrait « servir d'appui à ce qu'elle interprète. Les interprétations à elles seules ne déterminent pas la signification » [1]. En effet, si la phrase a besoin d'être interprétée pour être comprise, alors il faudrait faire une hypothèse de sens en formulant une autre phrase qui exige d'être à son tour interprétée, et ainsi de suite. Or, il est évident que nous saisissons souvent la signification des mots et des phrases dans leur intégralité sans avoir pour autant à faire des hypothèses. S'il en est ainsi, c'est que maîtriser un langage et le comprendre n'est pas interpréter. L'interprétation commence avec la réflexion sur les signes quand il ne sont pas compris [2]; comprendre est une capacité

1. Wittgenstein, *Recherches philosophiques*, *op. cit.*, § 198.
2. *Cf.* H.-G. Gadamer, *Vérité et méthode*, *op. cit.*, p. 405-406.

d'agir qui consiste à savoir comment continuer à utiliser les mots, au-delà des cas précédents de leurs emplois que nous avons constatés, donc à les employer dans des contextes nouveaux et de manière appropriée sans que, par conséquent, quiconque nous corrige. En revanche, écrit Wittgenstein, « il est facile de reconnaître les cas dans lesquels nous *interprétons*. Quand nous interprétons, nous faisons des hypothèses qui peuvent se révéler fausses » [1]. L'hypothèse consiste à substituer une phrase à une autre, à l'expliquer, l'expliciter, la clarifier ; elle fait donc varier les angles ou les perspectives et, proposant ainsi de nouveaux réseaux de sens, elle permet de comprendre.

Revenons au déroulement de la lecture. Lorsque celle-ci se déroule sans accroc, elle enchaîne les articulations du récit sans que la totalité de sens soit thématique, bien que celle-ci règle le cours de la lecture et l'oriente. Ce n'est qu'une fois la première lecture terminée que la question du sens du tout du texte peut émerger et se poser explicitement, même si cela n'a rien de nécessaire : on peut lire pour le simple plaisir de se détendre, et passer à autre chose une fois la lecture terminée sans jamais réfléchir sur le sens du texte, quand bien même certains points ont pu nous échapper. Ou encore, on peut croire avoir bien compris le texte et ne pas y prêter plus d'attention parce que la compréhension qu'on en a nous suffit. Il se peut aussi, alors que le récit est très clair, que nous demeurions perplexes et nous demandions ce que l'histoire peut vouloir dire au juste (peut-être d'ailleurs par un défaut caractéristique du lecteur professionnel), et que nous nous mettions à réfléchir sur ce que nous venons de lire, en reprenions certains passages

---

1. Wittgenstein, *Recherches philosophiques*, *op. cit.*, II, XI, p. 299.

pour les comparer, découvrir une allusion qui nous avait échappée, etc.

Avec la question du sens du texte en totalité, l'interprétation apparaît, parce que celle-ci se dirige vers le *textus*, l'ordre du discours qu'elle pose explicitement comme problème à résoudre, ce qui suppose qu'une première lecture du texte ait été effectuée.

Certes, il peut arriver que la première lecture bute sur des difficultés de compréhension, et que les anticipations de sens ne se résorbent pas dans la compréhension comme il arrive ordinairement. C'est le cas des récits difficiles (pensons par exemple à la lecture de certains romans de Faulkner), ceux dont l'unité de sens ne se donne qu'en tant que connexion complexe, sans épouser la linéarité de la lecture. Dans ce cas-là, la question du sens du tout du texte émerge, en tant que problème anticipé, avant même que la lecture ne soit achevée. C'est exactement comme lorsque les feux de la circulation sont en panne : les connexions du réseau de circulation, en leur absence même, se montrent comme un problème à l'automobiliste engagé dans le réseau. C'est en tout cas lorsque la totalité du sens du texte pose problème qu'elle « devient une tâche »[1] pour l'interprétation, et elle ne peut le devenir qu'après une première lecture.

Interprétation réfléchissante

L'interprétation ne se déploie donc que réflexivement. Elle se tourne expressément vers les jointures et les connexions du texte qui forment son assemblage, c'est-à-dire qui le constituent comme texte significatif, totalité close. G. Figal

---

1. G. Figal, *Gegenständlichkeit*, *op. cit.*, p. 98.

distingue deux formes distinctes mais complémentaires de
l'interprétation réfléchissante :

> On peut distinguer deux formes fondamentales de l'inter-
> prétation réfléchissante : l'*explication* [*Auslegung*] et la
> *clarification* [*Deutung*]. Elles se présentent rarement sépa-
> rées ; elles se complètent l'une l'autre et seule leur interaction
> livre la connaissance qu'on peut attendre de la reconnais-
> sance réfléchissante. Qu'elles soient toutefois distinctes,
> nous pouvons le voir par le fait que, dans l'interprétation
> réfléchissante en général c'est soit l'explicitation, soit la
> clarification qui prévaut [1].

Les termes d'*Auslegung* et de *Deutung* peuvent tous
deux se traduire par « interprétation » et fonctionnent
parfois de façon synonymique. La distinction conceptuelle
opérée ici rend cependant nécessaire le choix d'un terme
distinct : « explication » pour *Auslegung*, « clarification »
pour *Deutung*. Il faut garder à l'esprit qu'elles deux sont
constitutives de l'acte même d'interpréter.

Le terme d'*Auslegung*, qui, outre « interprétation »,
signifie aussi « exégèse », voire « commentaire », est l'interprétation au sens de l'explication. Le mot indique le fait de
déplier, de déployer, d'expliciter, exactement comme le fait le
latin *explicatio*. L'explication déploie ce qui est lu, elle a une
vocation qu'on peut qualifier d'analytique : elle vise les
éléments singuliers du texte qu'elle explique et qu'elle explicite, par exemple les références historiques ou les allusions.
Ce faisant, elle permet de clarifier les choses, tout comme
la *Deutung*, mais pas dans le même sens. Elle transpose un
passage en l'explicitant et le déployant dans un propos plus

---

1. G. Figal, *Gegenständlichkeit*, *op. cit.*, p. 99.

clair. Si l'explication vise des passages particuliers, elle ne peut cependant se faire que dans l'horizon de l'unité du texte, sinon elle n'est, dit G. Figal, qu'un commentaire, c'est-à-dire « une série plus ou moins lâche d'annotations et de renvois [...] une suite de notes et d'ébauches [...]. Un commentaire ne devient explication que si les éclaircissements, les renvois et les annotations se concentrent de façon à faire émerger la connexion intime du texte »[1], bref si la multiplicité déployée des éléments expliqués met en évidence leur coappartenance dans l'unité du texte.

Quant au terme de *Deutung*, il fait référence, comme on l'a vu, à l'indication, au fait de montrer, de faire allusion, et de donner un sens à ce qui indique quelque chose de lui-même, dans le but d'en monter le sens vrai. Cette clarification peut prendre la forme d'un décryptage. Par exemple, *L'interprétation du rêve* (*Traumdeutung*) de Freud cherche à clarifier (*deuten*) le sens authentique du rêve, mettre en lumière sa signification véritable qui ne se donne pas dans l'immanence du récit du rêve, mais qui ne se montre qu'à partir de ce qu'il ne dit pas explicitement et qu'une explication (*Auslegung*) est incapable d'atteindre, puisque qu'il ne suffit pas de déployer ou d'expliciter le sens manifeste du récit du rêve pour en clarifier le sens vrai. La clarification consiste en l'occurrence à transposer ce qui est dit, mais autrement, c'est-à-dire en un sens qui n'est pas le sens littéral.

L'exégèse allégorique et la théorie des quatre sens de l'écriture du Moyen Âge procèdent également de même, tout comme l'interprétation de l'augure[2], ainsi que les inter-

---

1. G. Figal, *Gegenständlichkeit*, *op. cit.*, p. 101.
2. *Cf.* H. de Lubac, *Exégèse médiévale. Les quatre sens de l'Écriture*, 5 vol., Paris, Cerf, 1993 ; voir aussi S. Breton, *Saint Paul*, Paris, P.U.F., 1988,

prétations qui soupçonnent que le sens réel n'est pas le sens manifeste. Cela dit, même quand le sens ne requiert pas un tel déchiffrement sémiotique de ce qui est perçu comme symptôme indiquant un sens caché, la clarification peut être requise, à partir d'un point de vue d'où l'unité du texte puisse apparaître sous un jour nouveau. C'est la seconde forme de la clarification. Un exemple nous est fourni par le « déclic » dont parle É. Glissant à propos de sa lecture de Faulkner : un motif ressort soudain et est pris pour signe guidant la lecture de l'œuvre en son unité[1]. La clarification consiste alors à représenter cette unité, mais autrement, dans une certaine perspective comme on dit, en se laissant guider par ce déclic qui est un signe indicateur.

Comme le remarque G. Figal, plus une interprétation (*Deutung*) est allégorique, plus elle éveille le soupçon, parce qu'elle prend un point de vue extérieur sur ce qui est lu. Elle paraît alors au pire arbitraire et gratuite, au mieux éclairante, en moyenne sensée bien qu'hasardeuse. Elle prend en tout cas, en raison de cette extériorité à l'égard du texte, un « ton autoritaire »[2]. C'est le cas pour la psychanalyse qui fait violence au sujet en mettant à nu les mécanismes inconscients qui le déterminent et qu'il a du mal à reconnaître ou accepter.

p. 26-44. Sur l'art des augures, voir par exemple Tite-Live, *Histoire de Rome depuis sa fondation*, I, 18, 5-20.

1. *Cf.* É. Glissant, *Faulkner, Mississipi*, Paris, Folio-Gallimard, 1996, p. 14 : « Le déclic : au détour d'une note ou en fin d'une nouvelle ou au plein d'un des dialogues d'un roman, l'œuvre se met debout autour de vous, c'est-à-dire ses paysages, ses crépuscules, ses couleurs (où le mauve et le fauve dominent), ses odeurs surtout [...], ses bêtes folles et acharnées, sa troupe d'humains qui partagent, sans qu'aucun s'en doute, le même égarement – l'œuvre entière, comme d'un architecte qui eût massé tout un monument autour d'un secret à connaître, mais l'indiquant et le dérobant tout ensemble. »

2. *Cf.* G. Figal, *Gegenständlichkeit*, *op. cit.*, p. 100.

L'exégèse médiévale des quatre sens de l'Écriture, qui est une lecture dans la foi, peut nous sembler elle aussi forcée, lorsqu'elle dégage différents sens d'un même énoncé de manière dogmatique, donc extérieure, mais pas plus que ne le fait la psychanalyse. Elle théorise la plurivocité du sens et sa hiérarchie en le reconduisant à l'unité d'un principe, de sorte que cette plurivocité est toujours réglée. Soit par exemple le *Psaume* 113 qui, lu *littéralement*, décrit la sortie d'Égypte des fils d'Israël au temps de Moïse. Son sens *allégorique* renvoie à la rédemption de l'homme par le Christ. Quant à son sens *moral*, il signifie la conversion de l'âme, du deuil et de la misère du péché à l'état de grâce. Le sens *anagogique* (spirituel) nous révèle enfin la sortie de l'âme sainte hors de la servitude de cette corruption vers la liberté de la gloire éternelle. La plurivocité du sens ne détruit pas son unité profonde, qui trouve sa garantie dans le *logos* divin. Comme l'écrit le Père de Lubac : « Jésus-Christ est l'unité de l'Écriture parce qu'il en est la fin et la plénitude. Tout y a rapport à Lui. Il en est finalement le seul Objet. Il est donc, peut-on dire, toute l'exégèse »[1]. Par conséquent, si l'on ne croit pas en l'unité du principe qu'est Jésus-Christ, c'est l'unité des quatre sens du Psaume qui vole en éclats et, avec elle, la théorie des quatre sens qui ramène tout au même « principe » explicatif, auquel elle réduit tout. Ce principe ouvre la plurivocité du sens en même temps qu'il règle et cadre strictement le jeu de l'interprétation : la clé du sens découvert par l'interprétation se trouve garantie dans le principe transcendant. L'ouverture du sens est donc définie : il

---

1. H. de Lubac, *Exégèse médiévale*, *op. cit.*, t. I, p. 111. Nous empruntons l'exemple du Psaume à la lettre XIII de Dante Alighieri, que cite U. Eco, *Opera aperta*, Milan, Bompiani, 1986, p. 37-38.

y a quatre sens, et non pas une infinité, qui correspondent chacun à un degré, plus ou moins avancé, de l'élévation spirituelle du croyant.

En un sens, mais en un sens seulement, il en va de même du déchiffrement du symbole par la psychanalyse. La clarification (*Deutung*) que Freud propose des rêves semble elle aussi autoritaire et imposer de l'extérieur un sens tout aussi fantaisiste, au moins quand on la considère en dehors du cadre clinique dans lequel elle se déroule. Et là encore, c'est le principe de lecture (le rêve utilise le symbole pour figurer, de façon déguisée, un désir) qui fait apparaître et produit l'opacité du signe (sa profondeur) qui devient alors symbole. Mais à la différence de l'exégèse médiévale, le principe du sens n'est pas, en ce qui concerne la psychanalyse, transcendant, il se trouve au contraire dans l'immanence du sujet, dans le désir qui se figure symboliquement et de façon indirecte. Mais ici, la lecture n'est pas codifiée comme elle l'était dans l'exégèse médiévale : décrypter le symbole et le désir c'est tout un, mais c'est décrypter *tel* désir qui se figure ainsi dans *tel* contexte, et le lien analogique qui constitue le symbole est labile. L'ouverture du sens est ici indéfinie par principe : elle est liée à l'histoire singulière du rêveur dont le désir singulier produit lui-même le texte singulier, à déchiffrer singulièrement.

Ces deux formes de l'interprétation réfléchissante, *Auslegung* et *Deutung*, se rapportent à l'unité diversifiée et à la multiplicité cohérente du texte à interpréter, et c'est pourquoi elles sont complémentaires. Sans cette complémentarité, l'unité du texte demeurerait abstraite, et la multiplicité de ses moments ne serait pas articulée. Par conséquent, « de même que l'explication [*Auslegung*] prépare la clarification [*Deutung*], de même la clarification [*Deutung*] se dirige vers l'explication [*Auslegung*] »[1]. L'explication des différents éléments particuliers d'un texte permet de mieux voir ce qu'il indique, elle nous prépare à voir l'unité de son sens, en sa structure articulée. La clarification, dirigée sur l'unité du sens du texte qu'elle cherche à se représenter, prend une distance à l'égard de celui-ci, de ses connexions intrinsèques, de sorte qu'elle appelle l'explication comme ce qui confirmera cette unité à même son articulation interne.

LA SITUATION DE L'INTERPRÈTE

Préjugés

Aucune interprétation ne se fait du point de vue de nulle part. Toute interprétation est située, elle se déploie dans une certaine perspective. Ce qui peut vouloir dire deux choses. D'une part, par exemple ce qui intéresse Freud dans la statue de *Moïse* de Michel Ange n'est pas ce qui intéresse (nécessairement) l'historien d'art; la perspective renvoie là au découpage du savoir et à la détermination de l'objet. D'autre part, l'interprète appartient à une histoire dans lequel il est situé, qui l'oriente et lui donne un point de vue, une perspective sur son objet. Ce sont là deux problèmes distincts qui, en fait, peuvent se recouper. Nous commencerons par le dernier, réservant le premier pour la suite.

Appartenir à une histoire, à une tradition, à une société, c'est être situé, avoir un point de vue sur le monde, s'y rapporter d'une manière déterminée. Une telle inscription est une condition factuelle qu'on ne peut cependant écarter, elle est ce à partir de quoi nous sommes en rapport au monde. Elle

---

1. G. Figal, *Gegenständlichkeit*, *op. cit.*, p. 101.

nous ouvre au monde, mais d'un point de vue déterminé, et de façon préjudicielle.

Le préjugé est, en ce sens, une structure de l'être-au-monde : il est cette ouverture préalable au monde qui précède tout jugement et le rend possible. Gadamer distingue à cette occasion *Vorurteil*, désignant un jugement non fondé, et *praejudicium* qui, dans la pratique judiciaire, signifie la « décision juridique antérieure au jugement définitif proprement dit »[1]. Sous ce dernier aspect, le préjugé n'est pas ce qui empêche l'exercice du jugement et de la raison, il fait plutôt corps avec cet exercice, puisque c'est à partir de cette appartenance historique au monde que le jugement peut s'exercer, exactement comme le dossier juridique constitué en vue du jugement permet à celui-ci de se dérouler. C'est donc l'opposition elle-même entre préjugé et raison qui ne tient pas, comme le suggère le sens juridique de *praejudicium*. La structure préjudicielle de l'être-au-monde a pour vocation de cerner ce fait de l'incarnation de la raison dans une histoire, ce qu'on peut appeler la finitude historique de la raison.

C'est là un geste comparable à celui de Husserl qui, dans la *Krisis*, essaie de libérer la raison du « concept traditionnel de science objective », dans la mesure où « la problématique objectivo-logique [...] n'est qu'une prestation particulière à l'intérieur du monde de la vie », de sorte qu'il faut, conclut Husserl réhabiliter la « *doxa*, objet d'un long héritage de mépris », prendre en considération « ce qui est simplement subjectif-relatif »[2]. Il en va de même avec le concept de préjugé chez Gadamer dont l'analyse a d'abord pour fonction

---

1. H.-G. Gadamer, *Vérité et méthode*, *op. cit.*, p. 291.
2. Husserl, *La crise des sciences européennes et la phénoménologie transcendantale*, § 34, trad. fr. G. Granel, Paris, Gallimard, 1976, p. 141-142.

de montrer l'enracinement dans le monde subjectif-relatif-historique de la raison. Nier la structure préjudicielle de l'être-au-monde, ce serait comme prétendre qu'il est possible de percevoir les objets du monde extérieur de façon non perspectiviste, sans le corps, ce qui est une absurdité.

Il faut donc partir de l'union intime de la raison et du *préjugé* – ces deux termes pris à part étant le résultat d'une abstraction. D'un point de vue structurel, le préjugé joue, *mutatis mutandis*, le même rôle que le corps dans la phéno-ménologie husserlienne. Husserl distingue entre le corps comme objet spatial parmi les autres (*Körper*) et le corps propre (*Leib*), distinction qui recoupe la distinction gadame-rienne entre *Vorurteil* et *praejudicium* : préjugé et corps ouvrent au monde dans l'étroitesse d'une situation, ils sont condition de possibilité de l'accès au monde.

> Les préjugés constituent au sens littéral du mot la direction préalable de toute notre expérience possible. Ce sont des préventions qui marquent notre ouverture au monde, des conditions qui nous permettent d'avoir des expériences et grâce auxquelles ce que nous rencontrons nous dit quelque chose [1].

Il en va de même du corps propre. Celui-ci est le « point zéro » de toutes les orientations, « l'"ici" central ultime » à partir d'où les choses du monde environnant apparaissent sous telle ou telle face. Le corps propre en ce sens ne peut être considéré comme une chose dans l'espace car, en tant qu'ici central ultime, il ne s'oppose pas à un « là-bas ». Dans la mesure où il est inclus dans ce qu'il contribue à faire

---

1. H.-G. Gadamer, *L'art de comprendre*, t. 1, trad. fr. M. Simon, Paris, Aubier, 1982, p. 33.

apparaître, il est plutôt *spatialisation*, ce à partir de quoi les choses dans l'espace trouvent leur orientation : « "loin" veut dire loin de moi, loin de mon corps, "à droite" renvoie au côté droit de mon corps, par exemple ma main droite, etc. »[1].

Il en va de même du préjugé qui ne peut être considéré comme simplement subjectif : il désigne plutôt l'élément perspectiviste au sein duquel quelque chose comme un jugement peut advenir. Or, une perspective n'est ni simplement subjective ni simplement objective, elle est la jonction entre les deux : la façon dont quelque chose apparaît et la manière qu'a quelqu'un de s'y rapporter. C'est ce qu'on appelle, concernant le rapport perceptif aux choses, un point de vue : un point (le corps) d'où se donne une vue (un paysage), et en même temps la façon dont cette vue se donne à quelqu'un, sans que les deux soient séparables. Puisque l'incarnation dans le monde est historique, le point de vue c'est l'opinion préalable, le préjugé qui, principe de l'ouverture au monde, est ce à partir d'où procède l'orientation dans le monde. Par conséquent, nous ne nous rapportons pas au corps et au préjugé comme quelque chose d'extérieur à nous, ils nous collent à la peau. On ne peut dire en ce sens que nous avons un corps ou des préjugés, mais plutôt que nous sommes notre corps et nos préjugés, avant de les avoir comme éventuels obstacles à la connaissance.

En tant qu'ils sont un principe d'orientation, ce à partir de quoi le monde s'ouvre, le corps propre et le préjugé ont tendance à se faire oublier, ils passent inaperçus[2], et sont de ce

---

1. Husserl, *Recherches phénoménologiques pour la constitution*, § 41, trad. fr. É. Escoubas, Paris, P.U.F., 1982, p. 223.
2. *Cf.* Husserl, *Méditations cartésiennes*, § 17, trad. fr. M. de Launay, p. 85, Paris, P.U.F., 1994.

fait ce à partir de quoi tout le reste est évalué : de même que le corps ne se fait ni chaud ni froid, sauf dans la maladie, et ne ressent que ce qui est plus chaud ou plus froid que lui, de même le préjugé appréhende comme immédiatement sensé le monde qui est le sien, puisque c'est en quelque sorte ce monde qui est en lui sous la forme du préjugé et qui lui a inculqué, par le biais de l'éducation, tous les principes d'orientation. Corps et préjugé se prennent donc pour la norme de ce qui leur apparaît comme normal ou pas.

Pour que ce principe d'orientation puisse se faire sentir comme tel, il faut le contact avec l'altérité. Mais, s'il suffit de se mouvoir dans l'espace pour prendre conscience du caractère perspectiviste de la perception, il n'en va pas de même du préjugé qui, pour ainsi dire, nous colle davantage à la peau que le corps. Ou alors, il faut que le déplacement spatial soit aussi un changement culturel, ou historique, ou social. Dans le contact avec un autre point de vue sur le monde se révèle alors l'unilatéralité du point de vue, du préjugé, ce qui met en évidence la possibilité d'un rapport autre au monde et qui peut donc être un défi pour la compréhension et l'interprétation. Par là se marque une autre différence entre le préjugé et le corps. En effet, dans la perception de la chose, chaque esquisse ou chaque profil est exclusif de tout autre, tandis que la perspective historique peut s'élargir, au moins en principe, au contact d'une autre et accéder ce faisant à un plus haut degré d'universalité.

Si le préjugé est constitutif de notre être, alors « ce n'est pas l'histoire qui nous appartient, c'est nous au contraire qui lui appartenons »[1]. Par conséquent, l'histoire n'est pas un objet

---

1. H.-G. Gadamer, *Vérité et méthode*, *op. cit.*, p. 298.

qui fait face à un sujet ; c'est la « subjectivité » qui, en l'occurrence, est constituée par son « objet ». En tant qu'il appartient
à l'histoire, l'individu a une épaisseur substantielle. Nous
appartenons à l'histoire avant même d'en prendre conscience,
nous sommes faits de la même pâte qu'elle. En tant que sol qui
nous porte, l'histoire travaille en nous, elle exerce sur nous une
certaine influence, elle nous affecte. L'histoire n'est donc pas
simplement ce qui est passé, mais elle travaille en nous comme
quelque chose qui nous est consubstantiel.

Dès lors, en tant que structure préjudicielle de l'être-au-
monde, le préjugé n'est pas quelque chose qui accède à la
conscience par la réflexion[1], parce que celle-ci opère à partir
de lui et lui échappe. Le préjugé entoure donc la conscience
d'une zone d'ombre qui renvoie à une incorporation profonde.

C'est pourquoi, il ne relève pas d'abord de la représentation intellectuelle, il renvoie plutôt à l'ordre de la coutume au
sens pascalien du terme, ou à l'*habitus* au sens de Bourdieu.
La coutume, comme l'écrit Pascal, « incline l'automate qui
entraîne l'esprit sans qu'il y pense »[2]. Elle est une disposition
du corps, acquise par le biais du dressage éducatif qui, en
inculquant des schèmes d'action, de perception et de pensée,
s'incorpore dans l'individu comme une seconde nature. Elle
traite le corps comme un « pense-bête » : une fois ces schèmes
incorporés, ils fonctionnent en tant que dispositions qui
peuvent être orchestrées efficacement, économiquement, en
faisant agir et réagir l'individu « automatiquement », sans
passer par le calcul et la réflexion, en lui faisant adopter la
posture convenable, c'est-à-dire convenue. La coutume est

1. *Cf.* H.-G. Gadamer, *La philosophie herméneutique*, *op. cit.*, p. 116. Sur
la notion de « conscience de l'histoire de l'influence », cf. *Vérité et méhode*,
op. cit., p. 363 *sq.*
2. Pascal, *Pensées*, 252 (éd. Brunschvicg).

donc, comme le dit Bourdieu de l'*habitus*, une structure structurante et structurée[1]. Structurante parce qu'elle fournit les schèmes préconstitués et hérités de perception, d'action et de pensée, qui organisent la perception (la pensée, la compréhension) et les pratiques, y compris intellectuelles, des agents. Structurée, parce qu'elle est héritée de l'histoire, produit de l'incorporation de ces mêmes schèmes. La coutume assure ainsi la présence active des expériences passées qui, incorporées, sont présentes en l'individu sous la forme de schèmes de pensée, de perception et d'action, et ont une tendance à perdurer dans le temps et du même coup à garantir la conformité des pratiques, y compris intellectuelles, du monde qui est le sien. La coutume, c'est donc l'histoire faite corps[2] : l'histoire existe à l'état objectivé, accumulé dans les choses, machines, livres, etc., *et* à l'état incorporé sous la forme de dispositions à agir et réagir ainsi plutôt qu'autrement, à incliner les agents de tel côté plutôt que de tel autre. La coutume actualise et active ainsi l'histoire dont elle est un produit, elle est portée par l'histoire en même temps qu'elle la porte et l'entretient.

Dès lors que l'interprète porte et apporte dans sa volonté de comprendre, tous ces schèmes hérités du passé qui sont présents en lui de manière invétérée comme dit Durkheim[3], il est nécessaire, s'il veut comprendre correctement, de réfléchir cet impensé à partir d'où il pense, d'objectiver le rapport objectif et subjectif à l'objet comme dirait Bourdieu, non pas

---

1. *Cf.* P. Bourdieu, *Le sens pratique*, Paris, Minuit, 1980, p. 87-109.
2. Merleau-Ponty exprime cela de manière très ramassée : « Le corps ici c'est l'histoire. Ce qu'on veut dire, c'est qu'elle existe *à la façon* du corps, qu'elle est du côté du corps », *La prose du monde*, Paris, Gallimard, 1969, p. 115.
3. *Cf.* E. Durkheim, *L'évolution pédagogique en France*, Paris, P.U.F., 1999, p. 18-19.

pour discréditer la compréhension mais au contraire pour la soumettre au contrôle et ainsi la renforcer. À cet égard, la circularité herméneutique, telle que nous l'avons envisagée auparavant, comme figure descriptive du mouvement de la compréhension et de l'interprétation, ne suffit sans doute pas à se prémunir contre cet impensé.

Critique

Loin d'être une alchimie spirituelle qui se déroulerait entre le lecteur et le texte pour aboutir à la compréhension, l'interprétation est une *pratique* sociale, historique et culturelle, et qui est, comme telle, socialement, historiquement et culturellement différenciée, et distinctive. La définition *pratique* du sens est donc celle d'un jeu de langage au sein d'un *espace social* : d'une part entre des producteurs (l'écrivain et le poète par exemple) et les produits (le roman et le poème) qu'ils proposent sur le marché ; d'autre part entre ces produits et ceux qui les reçoivent et les réactivent (le lecteur) dans des conditions qui mobilisent des schèmes interprétatifs qui ne sont pas nécessairement ceux qui ont présidé à la production. Par là même, la question de savoir ce qu'est lire, et comment lire, se pose de manière plus sensible.

Sans doute y-a-t-il de nombreuses façons de lire, selon l'intérêt spécifique qui oriente le lecteur vers le texte, et cet intérêt détermine en grande partie le degré de compréhension dont le lecteur se satisfera. Sans doute aussi la lecture est-elle un acte déterminé historiquement, culturellement et sociologiquement[1] : les modes de lectures ordinaires, non réfléchies, ne sont pas les modes de lectures savantes et institution-

---

1. *Cf.* G. Cavallo, R. Chartier (dir.), *Histoire de la lecture dans le monde occidental*, Paris, Seuil, 2001.

nalisées qui sont faites pour produire des textes, même s'il faut bien que celles-ci commencent par le mode ordinaire de lecture. En outre, la nature des textes prescrit, pour une part, la façon de les lire, et c'est une abstraction de parler des discours en général, il y a plutôt des régimes de discours. On reconnaît ainsi parfois à certains textes une valeur normative, on reconnaît comme un fait qu'ils portent une vérité transhistorique, et on les lit comme tels, donc sans analyser les raisons qui font qu'on les reçoit comme tels, comme s'ils répondaient de manière intemporelle à des problèmes eux-mêmes intemporels. Par l'effet d'une telle déshistoricisation, l'« application » du texte par le lecteur dans une situation et un espace de problèmes qui sont les siens contribue indéniablement, même lorsque la lecture se veut fidèle, à une transformation du sens du texte qui peut, pour le dire en forçant à peine le trait, faire qu'on y trouve ce qu'on y met.

Pour éviter l'anachronisme d'une lecture déshistoricisante, ainsi que la projection de présupposés hérités du fonds de croyances propres à la culture et la tradition auxquelles appartient le lecteur, il faut donc, comme le recommande Bourdieu, procéder à une double historicisation :

> Historicisation de l'objet connu, des catégories de pensée et de perception [...] qui ont été investies dans sa production, et qui diffèrent de celles que nous lui appliquons spontanément ; historicisation du sujet, de sa lecture ou de sa perception, de ses catégories de pensée, de perception et d'appréciation, qui ne s'impose jamais autant que dans le cas de la compréhension et l'appréciation (d'apparence) immédiate que nous pouvons (croire) en avoir, par-delà la distance historique [1].

---

1. P. Bourdieu, *Les règles de l'art*, Paris, Seuil, 1992, p. 507. Sans se réclamer de Bourdieu, G. Sauron, dans *La grand fresque de la villa des*

Si l'immédiateté de la compréhension n'est qu'apparente, et si la compréhension est vécue comme immédiate, c'est que la compréhension est le produit d'une histoire. Le rôle d'homogénéisation produit par le système scolaire est, à cet égard, sans doute déterminant. En façonnant par le même modèle divers individus par l'inculcation de schèmes communs de perception, de pensée, et aussi d'action, le système scolaire produit chez ces individus une série d'*habitus* communs grâce auxquels ils se reconnaissent et reconnaissent les objets dignes d'admiration (par exemple les classiques) que la lecture continuée et réactivée contribue à maintenir dans leur statut (de classiques). Cette double reconnaissance contribue à faire la valeur distinctive de ces individus et des objets à travers lesquels ils se distinguent et qui les distinguent, c'est-à-dire les conditions d'une communication et d'une compréhension immédiate, un terrain d'accord ou un sens commun à partir d'où peuvent naître tous les désaccords dans la lecture ou l'interprétation de ces textes. D'où ce sentiment de familiarité produit par le texte, comme si émanait de l'œuvre un parfum d'éternité et de compréhension immédiate, comme quand on se retrouve chez soi. Les schèmes, incorporés à titre d'*habitus*, règlent et programment les démarches intellectuelles des agents de manière inconsciente et contribuent à produire un effet d'évidence qui n'apparaît comme étant produit que lorsqu'il fait défaut. Lorsque les catégories qui organisent

mystères à Pompéi, Paris, Picard, 1998, pratique cette double historicisation : il analyse d'une part le préjugé contemporain de la croyance en la polysémie du texte et des images qui brouille la lecture de la fresque ; d'autre part, il propose une reconstruction des « structures de la perception visuelle des hommes de ce temps lointain », en l'occurrence ceux de l'aristocratie romaine. Voir aussi les travaux de F. Dupont, par exemple, *Aristote ou le vampire du théâtre occidental*, Paris, Aubier, 2007.

la perception du monde de la culture sont absentes, il n'y a qu'un chaos informe et indistinct[1]. Quand ce n'est pas la reconnaissance qui procure le plaisir pris à l'œuvre, on est réduit, comme dit Aristote, à n'apprécier que le «fini dans l'exécution», les belles couleurs ou les jolies descriptions par exemple.

Analyser la compréhension et l'interprétation comme une *pratique*, c'est donc partir du principe qu'«une part, et non la moindre, des déterminations qui font la définition pratique du sens, advient au discours automatiquement et du dehors»[2], parce que le sens est pris et se déploie dans le jeu de l'espace social. C'est par exemple, comme le fait Bourdieu dans *La distinction*, en analysant les pratiques qui confèrent un sens et une valeur symbolique au jugement de goût, se donner les moyens de comprendre ce qui fait que l'esthétique de Kant nous parle spontanément le langage de l'universel, ce qui permet de se demander éventuellement ensuite si cette prétention est légitime et en tout cas de nous éclairer sur nos propres présupposés qu'elle clarifie.

Une telle démarche revient donc à élever la non-compréhension à titre de principe, afin de s'arracher à l'immédiateté et l'évidence illusoires de la compréhension du sens. Elle transforme du coup l'interprétation en *méthode* savante, permettant de contrôler la compréhension.

C'est une démarche semblable, en son principe seulement, non dans son contenu, qui animait Schleiermacher lorsqu'il

---

1. *Cf.* P. Bourdieu, A Darbel, *L'amour de l'art, les musées et leur public*, Paris, Minuit, 1965, p. 69 *sq.*

2. P. Bourdieu, *Langage et pouvoir symbolique*, Paris, Seuil, 2001, p. 60-61.

distinguait une pratique laxiste et une pratique rigoureuse dans l'art d'interpréter :

> La pratique la plus laxiste dans l'art part du principe que la compréhension se fait spontanément ; et elle énonce le but sous une forme négative en disant : « il faut éviter la compréhension erronée ». [...] La pratique plus rigoureuse part du fait que la compréhension erronée se présente spontanément et que la compréhension doit être voulue et recherchée point par point[1].

De ce point de vue, le sens, loin d'être donné, doit être reconstruit par l'interprétation, et le cercle herméneutique n'a plus une valeur descriptive, il est l'accomplissement même de la méthode interprétative qui cherche à comprendre un discours « avec précision », dans l'unité de ce que Schleiermacher appelle son « style », c'est-à-dire comme l'inscription d'une parole singulière dans le médium objectif de la langue. Ce qui suppose une double orientation, complémentaire, de l'interprétation du discours, vers la langue envisagée comme système d'une part, vers l'auteur et la manière qu'il a de combiner ou de construire le sens d'autre part. Cette régulation réciproque de l'interprétation consiste à appréhender les horizons (la langue de l'auteur, l'époque, les styles littéraires, etc.) au sein desquels peut apparaître ce qui fait la singularité d'une œuvre, seule façon d'appréhender ce qui fait, par conséquent, son universalité, ce en quoi elle s'arrache à l'histoire.

Loin par conséquent de profaner le sens de l'œuvre en le reconduisant aux conditions historiques et sociales de sa production et sa réception, l'historicisation radicale, seule,

---

1. F. Schleiermacher, *Herméneutique*, *op. cit.*, p. 122-123.

permet de comprendre ce qui peut faire la grandeur d'une œuvre[1]. Loin de faire du sens l'objet d'une expérience fusion-nelle, une communion, qui adviendrait au lecteur, lequel serait, au contact de l'œuvre, touché par ce que celle-ci lui dit, l'herméneutique critique envisage au contraire le sens comme ce qu'il faut « construire » par la réflexion, et dont il faut saisir la « nécessité »[2], ce qui est le gage d'une compréhension correcte.

Si un même motif *critique* anime l'herméneutique de Schleiermacher et la sociologie de Bourdieu, la comparaison entre les deux demeure cependant formelle. L'herméneutique n'admet d'autre présupposé que la langue, quand la sociologie part de l'efficacité symbolique des discours, et reconduit donc ceux-ci à l'analyse des conditions sociales de constitution du champ au sein duquel ils sont produits. Contre la conception du sens du texte qui serait comme une création continuée de l'œuvre dans la multiplicité de ses lectures assimilées à autant d'expériences existentielles immédiates, seules garantes de l'objectivité de la lecture, le mérite insigne de la position critique est de rappeler que l'émancipation du sens du texte, dû à son statut d'écrit, et la continuité de son sens dans ses applications, sont loin d'être une évidence[3].

---

1. Voir par exemple ce petit exercice, lumineux, sur le cas « scolaire » de Baudelaire que propose Bourdieu dans les *Méditations pascaliennes*, Paris, Seuil, 2003, p. 122-131.

2. *Cf.* F. Schleiermacher, *Herméneutique, op. cit.*, p. 11 ; P. Bourdieu, *Les règles de l'art, op. cit.*, p. 492.

3. Voir sur ce point la préface de J. Bollack à P. Szondi, *Introduction à l'herméneutique littéraire*, Paris, Cerf, 1989, trad. fr. M. Bollack, p. I-XVII. Voir aussi D. Thouard, *Herméneutique critique. Bollack, Szondi, Celan*, Villeneuve d'Ascq, Septentrion, 2012.

INTERPRÉTATION ET CONNAISSANCE

Si le rapport au monde est par essence perspectiviste, cela signifie que la compréhension, y compris le mode de compréhension qu'est la connaissance, l'est aussi. Cela veut-il dire alors que la connaissance est une interprétation, et si oui en quel sens ? On peut tout d'abord poser le problème en termes généraux, en commençant par analyser selon quels modes on rapproche ordinairement, même en philosophie, l'interprétation et la connaissance.

Interprétation et connaissance apparaissent dans un rapport d'opposition et de solidarité. Quand on connaît, la question de l'interprétation ne se pose pas. Si le besoin d'interpréter se fait ressentir, c'est à défaut de connaître. Il faut interpréter, faire des hypothèses lorsqu'il n'y a pas de connaissance possible ou certaine en la matière. Il n'y a d'interprétation que lorsqu'il y a un déficit de connaissance *certaine*, de sorte que l'interprétation est perçue, comme on le dit alors, comme une « simple interprétation » : « c'est une interprétation », c'est-à-dire ce n'est qu'une interprétation parmi d'autres et non pas une connaissance certaine. En outre, puisque certaines connaissances tenues pour vraies se révèlent parfois inexactes, il est nécessaire de les rectifier en proposant une nouvelle interprétation qui remplace la précédente et qui pourra à son tour être remplacée par une nouvelle interprétation, et ainsi de suite. Le caractère révisable à l'infini, par le biais de l'interprétation, de la connaissance fait de celle-ci une interprétation, c'est-à-dire sans qu'il soit possible d'atteindre une certitude.

En ce sens, comme le remarque avec perspicacité R. Shusterman, il y a une solidarité surprenante entre les tenants d'un idéal du savoir absolument fondé, et ceux qui au contraire contestent un tel idéal et soutiennent le caractère foncièrement interprétatif de toute connaissance. En

effet, « l'interprétation, dans la vision fondationnaliste tradi-
tionnelle, est tenue pour la forme que prend toute compréhension non fondationnelle »[1], de sorte que si l'idéal d'une
connaissance absolument fondée est mis à mal, toute connaissance est rabaissée au rang d'une interprétation, d'une simple
interprétation, donc d'une connaissance peu assurée, qui peut
conduire, au pire, au rejet du savoir. Or, ces deux positions
sont l'avers et l'envers d'une même médaille, parce qu'elles
partagent l'idée que le non fondationnel et l'interprétatif
sont une même chose, ce qui est loin d'aller de soi.

Interprétation vs connaissance

On trouve une expression remarquable de la solidarité
entre ces deux positions antithétiques dans le passage suivant
de Nietzsche :

> Qu'on le pardonne au vieux philologue que je suis et qui ne
> peut renoncer au malin plaisir de mettre le doigt sur les
> mauvais arts interprétatifs [*Interpretations-Künste*] ; mais ces
> « lois de la nature », dont, vous, physiciens, parlez avec tant
> d'orgueil, ces « lois » où tout se passe « comme si » n'existent
> qu'en vertu de vos interprétations [*Ausdeutung*] et de votre
> mauvaise « philologie ». Elles n'ont aucun contenu réel, elles
> ne correspondent à aucun « texte » ; ce sont bien plutôt des
> arrangements et des falsifications naïvement humanitaires

---

1. R. Shusterman, *Sous l'interprétation*, trad. fr. N. Vieillescazes, Combas,
Éditions de l'Éclat, 1994, p. 57. Voir aussi Ch. Berner, *Au détour du sens.
Perspectives d'une philosophie herméneutique*, Paris, Cerf, 2007 qui analyse
dans le détail, et de manière ample, l'émergence du concept d'interprétation en
philosophie à partir de la crise de la métaphysique et de la vérité.

> par le truchement desquelles vous sanctionnez à l'envi les
> instincts démocratiques de l'âme moderne[1].

La mobilisation du concept de texte est intéressante à plus d'un titre. En invoquant sa formation de philologue, Nietzsche rappelle que certains textes, admirés depuis la nuit des temps comme des chefs d'œuvres de perfection, des classiques, sont en fait des fabrications et des constructions : on songe au rôle des savants alexandrins dans la constitution du poème homérique par exemple. La transposition de cette remarque à la nature et aux lois de la physique renvoie sans doute à la métaphore galiléenne du livre de la nature écrit par Dieu en caractères mathématiques. Elle rappelle, pour le mettre en cause, le présupposé inhérent à toute volonté de comprendre[2] : que la chose à comprendre forme une unité structurée et cohérente, qu'il y a un *ordre* dans la nature, un *textus*, que le physicien peut dégager et transposer dans des lois. Or, dit Nietzsche, il n'y a pas de texte original de la nature dont les lois des théories physiques seraient la transposition ou la traduction. Ce ne sont donc que de mauvaises explications qui ne sont que des interprétations auxquelles on pourrait en opposer bien d'autres. Si elles sont mauvaises, ce n'est pas qu'elles soient fautives, mais que les physiciens les font passer pour vraies, ils prétendent qu'elles sont la traduction du texte de la nature qui, comme le texte homérique, n'a d'unité que celle que lui doit la construction bricolée par les savants. L'orgueil des physiciens est donc de vouloir réduire l'infinité d'interprétations possibles (dont parle le § 174 du *Gai savoir*) qui peuvent exister

---

1. F. Nietzsche, *Par-delà bien et mal*, § 22, trad. fr. C. Heim, Paris, Gallimard, 1971, p. 40.

2. Sur ce point, voir J. Derrida, *Éperons. Les styles de Nietzsche*, Paris, Champs-Flammarion, 1978, en particulier p. 103-118.

d'un même phénomène. Sans vouloir entrer dans le fond de l'argument de Nietzsche, ce qui nous importe ici est que la connaissance a le statut d'une interprétation parce qu'elle est impossible, parce qu'il n'y a pas de vérité. «C'est là une interprétation, non un texte», dit encore Nietzsche dans ce même paragraphe de *Par-delà bien et mal*. S'il n'y a pas de texte original, il n'y a aucun sens vrai à lire et à chercher : l'interprétation est alors une projection simplificatrice «qui consiste à faire violence, arranger, abréger, omettre, remplir, amplifier, fausser». Voilà ce qui est «*le propre* de toute interprétation»[1]. L'orgueil des physiciens, dont les théories ne sont que des interprétations parmi d'autres, et non l'énonciation de la vérité, a pour cause cet oubli : ils croient trouver de l'ordre alors qu'ils l'introduisent.

Puisqu'il n'y a pas de texte original, Nietzsche substitue à la question de la vérité celle de la *valeur* des interprétations qui renvoie au mouvement même de la volonté de puissance inhérente à la vie, volonté sur laquelle s'élève la volonté de savoir, celle des physiciens notamment qui témoigne d'une volonté de maîtrise de la nature. Dès lors, si l'interprétation renvoie à la volonté de puissance, avec le texte, c'est aussi le sujet de l'interprétation qui sera évacué : l'interprétation est le déploiement même de ce centre de forces qu'est la volonté de puissance et qui ne voit dans les autres choses qu'une possibilité de croître, en les assimilant, c'est-à-dire en les interprétant.

> Que la valeur du monde réside dans notre interprétation [...], que les interprétations aient été jusqu'à présent des appréciations d'après une perspective particulière, grâce auxquelles

---

1. F. Nietzsche, *La généalogie de la morale*, III, § 24, trad. fr. I. Hildenbrand et J. Gratien, Paris, Gallimard, p. 181.

nous nous maintenons en vie, c'est-à-dire en volonté de
puissance, d'accroissement de puissance, que toute élévation
de l'homme entraîne avec soi le dépassement d'interprétations plus étroites, que [...] toute extension de puissance
ouvre de nouvelles perspectives et fasse croire à de nouveaux
horizons cela imprègne tous mes écrits. Le monde qui nous
concerne est faux, c.-à-d. qu'il n'est pas état de fait mais
invention poétique, total arrondi d'une maigre somme
d'observations : il est « fluctuant », comme quelque chose en
devenir, comme une erreur qui se décale constamment, qui ne
s'approche jamais de la vérité : car il n'y a pas de « vérité »[1].

Dans cette perspective, la connaissance, mais aussi la
morale, sont des symptômes de la volonté de puissance : ils
sont à déchiffrer dans une interprétation (celle de Nietzsche)
qui, pour être cohérente avec ses propres présupposés, doit
reconnaître, comme le conclut le § 22 de *Par-delà bien et mal*,
qu'elle n'est qu'une interprétation, moins « étroite » peut-être
que les précédentes, ce qui confirme l'universalisme de l'interprétation et coupe l'herbe sous le pied à l'objection de qui
dirait qu'il ne s'agit peut-être que d'une interprétation : « En
admettant que ceci aussi ne soit qu'une interprétation – et
n'est-ce pas ce que vous vous empresserez de me répondre ? –
eh bien, tant mieux »[2]. Du même coup, plutôt que de réfuter la
thèse, l'objection la confirme. Et elle confirme, bien que la
thèse en question ne soit peut-être pas plus vraie qu'une autre,
la plus grande valeur de celle-ci pour la vie dans la mesure où
elle « ouvre de nouvelles perspectives », sans assécher la vie en

---

1. F. Nietzsche, *Œuvres philosophiques complètes XII. Fragments
posthumes*, automne 1885 – automne 1887, trad. fr. J. Hervier, Paris,
Gallimard, 1978, p. 119-120. *Cf.* les fragments [148] et [151], p. 141-142.
2. F. Nietzsche, *Par-delà bien et mal, op. cit.*, § 22, p. 41.

imposant *une* vision des choses. Elle évacue donc la question de la vérité de la thèse au profit de sa valeur.

Remarquons tout d'abord que s'il n'y a pas de texte original, il ne peut y avoir rien à *transposer*. L'interprétation est une projection simplificatrice, une assimilation et une « incorporation du monde extérieur »[1] à l'usage de l'homme, au service de la vie, de l'accroissement de la volonté de puissance. Remarquons ensuite que si Nietzsche qualifie d'interprétation la « connaissance » physique de la nature, c'est justement parce qu'il soutient qu'une connaissance (vraie) est impossible : c'est parce qu'elle est impossible que toute connaissance est une interprétation parmi d'autres et qu'il peut y avoir une infinité d'interprétations. Il partage donc l'idée, commune aux tenants d'une connaissance absolument certaine, qu'une connaissance qui ne peut être fondée absolument repose nécessairement sur une interprétation, qu'elle n'est qu'une interprétation parmi d'autres. Et comme il n'y a pas de texte original, tout est interprétation, c'est-à-dire projection de sens.

Ce qui montre que « nous sommes éloignés à tire d'aile du canon *de la certitude* »[2], c'est, selon Nietzsche, le caractère arbitraire du langage. Le sens des mots délimite en effet un rapport déterminé aux choses (nous disons ainsi « le breuvage est amer » alors qu'il faudrait dire qu'« il excite en nous une sensation de la sorte ») ou bien une propriété de la chose (ainsi le mot « serpent » désigne la torsion et pourrait s'appliquer aussi bien au ver). Dans le rapport du mot à la chose, il y a ce

---

1. F. Nietzsche, *Œuvres philosophiques complètes XII*, *op. cit.*, p. 113.
2. F. Nietzsche, *Le livre du philosophe*, trad. fr. A. Kremer-Marietti, Paris, GF-Flammarion, 1991, p. 121, nous soulignons.

que Nietzsche appelle une transposition, mais qu'il décrit
comme un saut :

> Transposer d'abord une excitation nerveuse en une image !
> Première métaphore. L'image à nouveau transformée en
> son articulé. Deuxième métaphore. Et chaque fois un *saut
> complet* d'une sphère dans une sphère *tout autre et nouvelle*[1].

Il en est pour nous du rapport du langage aux choses, dit
Nietzsche, comme de celui d'un homme sourd qui prétendait
connaître ce que les hommes appellent « son » en voyant des
cordes vibrer. La vérité ne peut alors qu'apparaître comme le
résultat de ces « sauts » : une somme mouvante de transposi-
tions, de métaphores et de métonymies, qui ne semblent
fermes et avoir un fondement objectif qu'en raison de leur
usage prolongé et dont on a oublié qu'elles le sont. Ce qui
revient donc à dire qu'il n'y a pas de vérité.

En dehors du privilège indu accordé par Nietzsche au mot,
au nom, dans la question du langage et de la vérité (par
exemple, on ne voit pas en quoi le mot devrait dire la vérité
ou l'essence de la chose, tout au plus *signifie*-t-il la chose en
question et la signification indique ses usages possibles dans
lesquels même le signe isolé vaut comme un discours),
la position qu'il défend semble identifier et confondre le
caractère corrigible, révisable de toute connaissance avec
l'interprétation. Mais est-ce vraiment ce trait qui fait de la
connaissance une interprétation ?

Pour répondre à cette question, il faut se tourner vers
la notion de perspective, ce qui confirmera l'adhésion de

---

1. F. Nietzsche, *Le livre du philosophe*, *op. cit.*, p. 121. *Cf.* F. Nietzsche,
Rhétorique et langage, trad. fr. Ph. Lacoue-Labarthe et J.-L. Nancy, Chatou,
La transparence, 2008, p. 36 *sq.* et p. 63 *sq.*

Nietzsche à la conception fondationnaliste de l'interprétation comme façon multiple, partielle et partiale de se rapporter à quelque chose. Que toute compréhension, y compris la connaissance, soit perspectiviste est, comme on l'a vu, indéniable. Mais passer du caractère perspectiviste de la connaissance à l'affirmation que la connaissance est interprétation est un saut illégitime. Par exemple, la perception d'un objet spatial est perspectiviste, sans être pour autant une interprétation ; de même, on peut dire que la biologie est perspectiviste parce qu'elle traite l'objet du point de vue de la vie, exclusion faite par exemple de ce que peut être la vie du point de vue psychologique ou théologique. Cette remarque peut être généralisée à toutes les déterminations de l'objet. À cet égard, le point de vue généalogiste sur la morale est un point de vue lui aussi, et si on peut le retenir comme pertinent, c'est qu'il offre une vue jusqu'alors inédite sur la chose à partir d'un angle inédit, que Nietzsche dit être moins étroit. Mais cela ne suffit pas, en tant que tel, à faire de l'approche perspectiviste une interprétation, sauf à partager la conception fondationnaliste de l'interprétation.

Pourquoi, en outre, y aurait-il incompatibilité à admettre le caractère perspectiviste de la connaissance et de la compréhension en général, et en même temps reconnaître qu'elle peut être vraie, bien qu'elle puisse et doive être révisable ? Enfin sauf à avoir une vision stylisée, et donc simplifiée, de la recherche scientifique, « *vouloir* voir autrement » une même chose, et savoir engager autant « d'yeux différents pour cette chose », comme le préconise Nietzsche dans la quête de ce qu'il nomme « notre nouvelle "objectivité" »[1], afin que celle-ci soit complète, est, on suppose, le réquisit le plus élémentaire

---

1. F. Nietzsche, *La généalogie de la morale*, III, § 12, *op. cit.*, p. 140-141.

de la connaissance, dont il n'est pas évident par ailleurs, sauf à être bornée et dogmatique, qu'elle prétende se faire passer pour la seule explication, ou qu'elle ignore son caractère perspectiviste.

Ce n'est pas dans la perspective en tant que telle que réside l'interprétation, bien qu'une interprétation soit effectivement perspectiviste. L'interprétation, comme on l'a vu, est une transposition, par exemple une substitution d'une proposition à une autre ; si elle est un « saut complet » d'une sphère dans une sphère tout autre et nouvelle, on ne peut dire qu'il s'agit d'une interprétation.

Interprétation et connaissance

Il y a sans doute de l'interprétation dans la connaissance, et il est peut-être sensé de dire de la connaissance qu'elle est une interprétation. Mais si l'on se débarrasse du dogme fondation-naliste, le caractère révisable de toute connaissance ne la dévalue pas au rang d'une simple interprétation, excluant la vérité. Pour y voir plus clair dans tout cela, on peut partir de la façon dont Duhem introduit le concept d'interprétation dans l'expérience du physicien :

> Une expérience de Physique est l'observation précise d'un groupe de phénomènes accompagnée de l'INTERPRÉTATION de ces phénomènes; cette interprétation *substitue* aux données concrètes réellement recueillies par l'observation des représentations abstraites et symboliques qui leur correspondent en vertu des théories admises par l'observateur[1].

---

1. P. Duhem, *La théorie physique. Son objet, sa structure*, Paris, Vrin, 2007, p. 209, nous soulignons.

Si l'on suit Duhem, l'interprétation contribue à faire de l'observation une expérience physique, scientifique, et distingue ce faisant celle-ci d'une expérience ordinaire, entendue ici comme une observation des phénomènes qui ne fait pas intervenir la connaissance de théories. Ainsi, dit Duhem, chacun peut observer les mouvements d'une tache lumineuse sur une règle transparente, mais s'il ignore tout de l'électrodynamique, il ne pourra achever l'expérience car il sera incapable de mesurer la résistance de la bobine.

L'expérience physique n'est jamais le compte-rendu de l'observation, elle est au contraire « l'énoncé d'un jugement reliant entre elles certaines notions abstraites, symboliques, dont les théories seules établissent la correspondance avec les faits réellement observés »[1]. Ces notions abstraites, par exemple la « pression », le « volt », la « force électromotrice », font qu'un énoncé qui relate le résultat d'une expérience ne peut être considéré comme exprimant un objet visible ou tangible, c'est au contraire une médiation symbolique longue et compliquée. Reliées ensemble par la théorie, ces notions abstraites forment le texte, le *textus* qui s'offre à qui connaît ces théories physiques.

Cependant, précise Duhem, c'est une erreur de tenir l'énoncé du résultat d'une expérience scientifique pour un exposé dans un langage technique. Bien que les deux soient réservés aux initiés et inaccessibles aux profanes, il y a entre les deux une différence de nature. En effet, le langage techni-que renvoie toujours à quelque chose de déterminé univoque-ment. Ainsi, selon l'exemple de Duhem, si l'officier de quart lance à bord du voilier le commandement suivant : « Au bras et boulines partout, brassez ! », le profane observera les marins se

1. P. Duhem, *La théorie physique*, *op. cit.*, p. 210.

rendre à leurs postes déterminés par avance, et effectuer des manœuvres parfaitement déterminées sur des objets concrets eux aussi déterminés. Or il n'en est pas de même de l'énoncé exprimant une expérience scientifique. Certes, tout comme l'énoncé technique, l'énoncé scientifique peut être traduit en faits, mais à la différence du premier, il «peut se traduire en faits d'une infinité de manières différentes», parce que, inversement, des «faits disparates» peuvent admettre «*la même interprétation théorique*»[1].

Soit l'énoncé suivant : «si l'on fait croître la pression de tant d'atmosphères, on augmente de tant de volts la force électromotrice de telle pile»[2]. Cet énoncé peut renvoyer à de multiples faits entre lesquels le profane aurait du mal à percevoir des analogies, et être traduit en faits de bien des façons, infinies dit même Duhem : par exemple en versant «du mercure dans un tube», ou encore en «faisant monter un réservoir plein de liquide», «en manœuvrant une presse hydraulique, en enfonçant dans l'eau un piston à vis». Cette pression peut être mesurée avec «un manomètre à eau», «à air comprimé», «avec un manomètre métallique», et chaque nouvelle disposition d'appareil de mesure lui fera constater des faits nouveaux. D'où, conclut Duhem :

> Ce que le physicien énonce comme le résultat d'une expérience, ce n'est pas le récit des faits constatés; c'est l'interprétation de ces faits, c'est leur *transposition* dans le monde idéal, abstrait, symbolique, créé par les théories qu'il regarde comme établies[3].

1. P. Duhem, *La théorie physique*, *op. cit.*, p. 212-213.
2. *Ibid.*, p. 211.
3. *Ibid.*, p. 224, nous soulignons.

Nous retrouvons là la définition de l'interprétation comme transposition, relation de l'un au multiple, c'est-à-dire une représentation symbolique qui nous permet de reconnaître l'*unité* de quelque chose à travers la *multiplicité* même de ses manifestations sensibles. Le fait scientifique est donc « un concept herméneutique »[1].

Et cela reste valable, nous semble-t-il, indépendamment d'une prise de position sur la nature de la connaissance scientifique, sur le fait de savoir si la science a pour vocation de classer et d'ordonner les lois expérimentales (position de Duhem), ou bien de connaître la structure ultime du réel (position inséparable, selon Duhem, d'une métaphysique, donc ne relevant pas de la science). À chaque fois, on suppose un certain ordre que la théorie représente. Par conséquent, *le physicien écrit effectivement le texte qui contribue à révéler l'ordre de la nature*[2], il établit ce faisant la correspondance entre l'énoncé d'un jugement reliant entre elles des notions abstraites avec les faits réellement observés. Dire, comme Nietzsche, que les lois des physiciens ne correspondent à aucun texte, c'est donc mal dire les choses, parce que les lois appartiennent au texte, c'est-à-dire à la théorie, qui a en l'occurrence pour fonction de configurer l'ordre de la nature

---

1. H.-G. Gadamer, *Lob der Theorie*, Francfort sur le M., Suhrkamp, 1983, p. 44. Cela vaut naturellement aussi pour les faits historiques, à propos desquels Koselleck écrit : « Les faits eux aussi dépendent du jugement. Louis XVI – pour reprendre un exemple de Gentz – a-t-il été assassiné, exécuté ou même puni ? La vraie question historique est là et non pas dans le *fait* qu'un couperet de guillotine de tel ou tel poids a détaché sa tête de son corps », *Le futur passé. Contribution à la sémantique des temps historiques*, trad. fr. J. Hoock et M.-C. Hoock, Paris, Éditions de l'EHESS, 1990, p. 182.

2. Voir l'article de J.-M. Lévy-Leblond, « La nature prise à la lettre », dans *Alliage*, n° 37-38, disponible en ligne.

qui ne se révèle qu'avec et en lui, dans l'écriture même du texte. En ce sens, on peut en effet considérer la théorie comme une interprétation, de la même façon que, *mutatis mutandis*, on considère le roman comme l'interprétation de ce qu'il représente et ainsi révèle, sous un certain aspect.

Nous pourrions faire strictement le même diagnostic, *mutatis mutandis*, en partant de la définition de l'interprétation que Passeron donne à propos de l'administration de la preuve dans les sciences sociales.

> Est interprétation, dans une science empirique, toute *reformulation* du sens d'une relation entre des concepts descriptifs qui, pour transformer ce sens (l'enrichir, le déplacer ou le simplifier), doit faire intervenir la comparaison de cette relation avec des descriptions empiriques qui ne supposent pas exactement le « même univers du discours » que la relation ainsi interprétée [1].

Un concept descriptif est ce que Weber appelle un idéal-type, il ne fonctionne efficacement qu'à être une abstraction incomplète : il ne fournit qu'une ébauche de définition générique car il demeure indexé à une série de cas singuliers. Ainsi en est-il de tous les concepts historiques, celui de « féodalisme » par exemple qui renvoie à des individualités historiques distinctes : celle de l'Europe médiévale, celle de la Chine des Royaumes combattants ou celle du Japon de l'ère Kamakura, etc. Il en est de même pour celui de « protestantisme », que le second chapitre de *L'Éthique protestante et l'esprit du capitalisme* indexe aux singularités historiques que sont les différentes sectes protestantes dont l'unité générique

---

1. J.-Cl. Passeron, *Le raisonnement sociologique*, Paris, Albin Michel, 2006, p. 620, nous soulignons.

n'a rien d'évident. Il en est encore de même du concept de
« société de cour » utilisé par Elias. Or, c'est précisément cette
indexation qui induit une comparaison possible et fructueuse
entre plusieurs individualités historiques, et sert ainsi l'administration de la preuve. C'est en quoi il y a interprétation,
relation de l'un au multiple et transposition : un même concept
descriptif ne renvoie pas à des réalités empiriques identiques, il
n'est donc pas une identification du non identique comme
dirait Nietzsche, et le but de la comparaison historique fait
justement apparaître ces qualités différentielles qui servent
l'administration de la preuve.

Ainsi, le raisonnement de Weber dans *L'éthique...* se
peut résumer ainsi[1]. *Bien que* la culture chinoise ait réuni
les conditions socio-économiques (l'accumulation primitive,
l'existence d'une classe marchande, la régularité comptable,
etc.) qui accompagnent en Occident la naissance du capitalisme, celui-ci n'est pas apparu. *Or* il y a un point sur lequel
Chine et Europe diffèrent culturellement : celui de l'attitude
religieuse et philosophique envers l'économie qui oppose la
morale économique des sectes protestantes et la disposition
des lettrés de l'administration publique. *Donc*, on peut
conclure au lien de causalité (présomptif) entre cette attitude
protestante et la naissance du capitalisme, lien renforcé par les
statistiques économiques ou sociales, présentées par Weber au
début de *L'éthique protestante et l'esprit du capitalisme*, sur
l'opposition des pays catholiques et protestants à propos de la
morale économique des individus – et la preuve se resserre
alors, car le contexte est apparenté. En ce sens, la démarche
interprétative est inhérente à la méthode sociologique ;

---

1. Nous reprenons là, en le résumant, J.-Cl. Passeron, *Le raisonnement
sociologique*, *op. cit.*, p. 150 *sq.*

sans qu'il s'agisse par là d'une moindre connaissance, l'interprétation est au contraire son régime propre.

Il résulte de ces remarques que, loin de s'opposer à la connaissance, l'interprétation est plutôt ce qui rend possible son progrès. En outre, et sans dire que les sciences de la nature et les sciences sociales suivent les mêmes procédures, ce qui n'est pas le cas, on peut toutefois affirmer, sans diminuer leur scientificité, qu'une théorie scientifique est une interprétation, parce qu'elle transpose symboliquement *et* réflexivement différents phénomènes dans des énoncés de façon telle qu'elle les rend intelligibles, et cette transposition tolère des variations qui rendent possibles la connaissance et son progrès.

Ce disant, le concept d'interprétation fonctionne là comme un *concept descriptif*, permettant d'appréhender la diversité même des fonctions symboliques par l'intermédiaire desquelles l'homme se met en rapport au monde. C'est pourquoi il préserve les différences entre les interprétations et n'assimile pas, par exemple, la *mimèsis* artistique à la connaissance scientifique.

TEXTES ET COMMENTAIRES

TEXTE 1

HANS-GEORG GADAMER
Vérité et méthode *

En vérité, *penser historiquement* signifie *opérer la transposition que subissent* alors *les concepts du passé* quand nous essayons de penser en eux. En effet, la pensée historique contient toujours, précisément, une médiation entre ces concepts et la propre pensée de l'historien. Vouloir éviter ses propres concepts dans l'interprétation n'est pas seulement impossible, mais manifestement absurde. Interpréter, c'est précisément mettre en jeu nos propres concepts préalables, afin que, pour nous, la visée du texte parvienne réellement à s'exprimer.

En procédant à l'analyse du processus herméneutique, nous avions vu dans la conquête de l'horizon de l'interprétation une fusion d'horizons. Voilà ce que confirme également la dimension langagière [*Sprachlichkeit*] de l'interprétation. Celle-ci doit amener le texte à parler. Or aucun texte, aucun livre ne parle s'il ne parle la langue qui atteint autrui? L'interprétation doit donc trouver la langue qui convient, si elle veut vraiment faire parler le texte. Il ne peut y avoir

* H.-G. Gadamer, *Vérité et méthode*, Paris, Seuil, 1996, p. 419-420.

d'interprétation juste «en soi» pour la raison précisément qu'en chacune il s'agit du texte lui-même. C'est dans la dépendance à l'égard d'une appropriation et d'une interprétation toujours nouvelles que consiste la vie historique de la tradition. Une interprétation juste «en soi» serait un idéal irréfléchi, qui méconnaîtrait l'essence même de la tradition.

Cette dépendance à l'égard de la situation ne signifie nullement que la prétention à la justesse que doit avoir toute interprétation se dissolve dans le subjectif ou l'occasionnel. [...] L'interprétation est l'accomplissement même de la compréhension, qui ne s'achève que dans le caractère tout à fait explicite de l'interprétation dans le langage, qu'il s'agisse de ceux auxquels elle est destinée ou de l'interprète lui-même. Grâce au caractère langagier de toute interprétation, celle-ci comporte réellement la possibilité d'un rapport à autrui. Il ne peut exister aucun parler qui ne réunisse celui qui parle à celui auquel il s'adresse. Cela vaut également pour le processus herméneutique. Mais ce rapport ne fait pas de l'opération d'interprétation propre à la compréhension une adaptation consciente à une situation pédagogique; cette opération n'est autre que la *concrétisation du sens lui-même*. Je rappelle comment nous avons remis en vigueur le facteur de l'application, qui avait été entièrement banni de l'herméneutique. Nous l'avons vu : comprendre un texte, même si toujours il est nécessairement compris autrement, reste néanmoins le même texte qui chaque fois se présente à nous d'une manière différente. Le fait que toute interprétation relève ainsi par essence du langage montre clairement que sa prétention à la vérité n'est pas pour autant relativisée le moins du monde. La netteté de l'expression qu'une compréhension acquiert dans le langage grâce à l'interprétation ne crée pas un deuxième sens juxtaposé à celui qui est compris et interprété. Dans la compréhension, les concepts interprétatifs ne sont comme tels absolument pas explicites. Ils sont au contraire en eux-mêmes destinés à disparaître derrière ce à quoi ils donnent la parole dans l'interprétation. Voilà ce qui est paradoxal : c'est lorsqu'une interprétation peut ainsi disparaître qu'elle est juste. Et pourtant, il est vrai en même temps que cette interprétation doit se présenter comme destinée à disparaître. La possibilité de comprendre tient à celle d'une interprétation médiatrice.

L'HISTORICITÉ DE LA COMPRÉHENSION ET DE L'INTERPRÉTATION

Ce texte est extrait du second chapitre (« La langue comme détermination de l'opération herméneutique ») de la 1ʳᵉ partie (« La langue comme élément de l'expérience herméneutique ») de la 3ᵉ section (« Le tournant ontologique de l'herméneutique sous le fil conducteur de la langue ») de *Vérité et méthode*. Gadamer y interroge la relation entre le langage et la compréhension, ce qu'il appelle l'élément ou le caractère langagier de la compréhension.

L'extrait dont nous proposons le commentaire commence par poser le problème même de l'accès au texte passé pour la recherche historique : dans la mesure où cet accès est toujours médiatisé par la situation à laquelle appartient l'historien, l'objet véritable d'une pensée herméneutique se tient dans cet entre-deux qu'il convient d'éclairer, c'est-à-dire dans la transposition ou le déplacement que subissent les concepts du passé dès lors que l'historien essaie de penser en eux. Puisque le langage est le milieu au sein duquel se déploie toute pensée, la pensée de l'historien véhicule avec elle tout un fonds conceptuel qui, en tant que structure même de la pensée, ne peut être totalement élucidé et réfléchi. Et puisque le langage détermine l'accès même au passé, il ne peut s'agir, dit Gadamer, de l'écarter, car cela est non seulement « impossible », mais « absurde ». Au contraire, toute activité interprétative met en jeu une telle conceptualité préalable, et ce n'est qu'à cette condition, *i. e.* dans une « fusion des horizons » du passé et du présent, que le texte devient parlant. C'est un fait qui, s'il doit assurément être contrôlé autant que faire se peut, n'en demeure pas moins un fait qui ne peut être résorbé totalement : il faudrait pour cela que le langage s'objective totalement, ce qui demeure impossible. En ce sens, l'historicité ouvre le régime de l'interprétation qui ne peut se clore en un savoir absolument certain : il s'agit certes à chaque fois d'une interprétation *du texte*, mais c'est *une* interprétation du texte.

La conciliation entre l'historicité (fusion des horizons) et la justesse de l'interprétation semble cependant difficile. Gadamer recourt à la notion de « spéculatif » pour tenter de les articuler. Pour comprendre cela, il faut préalablement rappeler la façon dont Heidegger, dans le § 32 d'*Être et temps*, lie compréhension et interprétation, en posant entre l'une et l'autre un rapport non extérieur, car Gadamer, sur ce point, lui emboîte le pas.

Interprétation et existence

Si l'on peut considérer les médiations symboliques et réflexives que sont la connaissance et l'art comme des interprétations, est-ce à dire alors que le rapport au monde, dès lors qu'il est médiatisé par la langue, est lui aussi interprétatif ?

Heidegger a montré de manière plutôt convaincante que la compréhension était une structure de l'existence et qu'être-au-monde, c'est, pour l'homme, comprendre. De ce point de vue, la perception peut être considérée elle-même comme une compréhension. En effet, la perception pure, c'est-à-dire fondée sur la sensation, est une abstraction du rapport originairement compréhensif au monde[1]. Jamais, dit Heidegger, on n'a affaire à de pures sensations qui seraient informées pour servir de tremplin vers le monde. Toute sensation se donne d'emblée comme la sensation *de* quelque chose : si celui qui se trouve dans son appartement peut dire qu'il entend le bruit de la voiture dans la rue, sans pour autant la voir, c'est bien parce que ces sensations de bruit se détachent sur l'arrière-fond préalable de l'objet qui permet leur appréhension comme bruit *de* cet objet. En ce sens, la perception et *a fortiori* la sensation sont déjà compréhensives : la sensation est com-prise, c'est-à-dire rapportée à l'appréhension préalable de l'objet qui l'oriente et la détermine. L'impossibilité devant laquelle on se trouve d'identifier une sensation le confirme *a contrario* : on dit alors « c'est un bruit de... », et le fait de ne pouvoir dire de quoi est cette odeur est l'indice de cette appréhension compréhensive. Les sensations, censées fournir le matériau à la perception pour qu'elle se dirige sur l'objet, ne sont à cet égard qu'une abstraction de la compréhension. Jamais on entend une bruit pur, c'est toujours le bruit de la mobylette ou celui du scooter. Comme le dit Ryle, on n'emploie jamais le vocabulaire des sensations « à l'état pur », mais toujours en référence à des objets. L'objet s'observe, la sensation s'éprouve. Prétendre qu'une sensation puisse s'observer, c'est commettre une erreur de catégorie. Si l'on peut dire qu'une observation a été faite avec soin, négligence, c'est un non sens de le dire de la sensation. La sensation est certes toujours référée à un objet, mais elle ne s'observe pas : le cueilleur de champignons peut

---

1. *Cf.* Heidegger, *Sein und Zeit*, § 34, p. 163-164.

observer celui qu'il a cueilli s'il hésite sur sa comestibilité ; en revanche, si l'œnologue dit que le vin sent la violette, il n'espère pas pour autant trouver celle-ci (même par l'analyse chimique) dans le vin, pas plus que le médecin n'espère trouver le feu dans l'estomac du patient qui lui a dit qu'il ressentait des brûlures à cet endroit. Cela signifie simplement que l'œnologue et le patient décrivent le *genre* de sensations qu'ils éprouvent par comparaison avec celles qu'ils éprouveraient si elles étaient causées par ces objets (ce qui présuppose bien une sensation) que chacun peut observer couramment[1].

Le rapport perceptif au monde est com-préhension, au sens où on a caractérisé la compréhension en commençant : il consiste en la mise en rapport circulaire des parties au tout qui rend possible la compréhension de quelque chose comme quelque chose, par exemple le bruit *de* la voiture, d'ailleurs lui-même toujours appréhendé au sein d'un horizon plus vaste, par exemple « c'est le facteur qui arrive, et j'espère qu'il apportera le courrier que j'attends, etc. ». La perception est compréhension, *i. e.* manière dont nous nous rapportons au monde dans la vie quotidienne, la vie d'avant le savoir mue par des intérêts pratiques, mue par le souci de s'orienter pratiquement dans le monde[2].

Dans la vie quotidienne, le rapport aux objets est *utilitaire*. Les objets sont saisis comme des « outils », pour reprendre la terminologie de Heidegger, c'est-à-dire selon leur fonction, et de ce fait ils sont insérés dans un contexte, une totalité (non thématique, mais qui structure l'appréhension de chaque chose

1. *Cf.* G. Ryle, *Le concept d'esprit*, trad. fr. S. Stern-Gillet, Paris, Payot & Rivages, 2005, p. 311-368.

2. *Cf.* Husserl, *Méditations cartésiennes*, § 5, *op. cit.*, p. 54-55.

et oriente le regard de façon circonspecte) qui leur confère leur *sens d'être*. Le terme d'« outil » a donc une signification large, irréductible à ce qu'on entend par les objets qu'on met dans la caisse à outils ; il désigne moins une catégorie d'objets que la façon d'appréhender les objets dans le monde quotidien. Par exemple, pour le manifestant, le pavé peut être « découvert » *en tant que* projectile pour se protéger des forces de l'ordre, ou encore *en tant que* marteau pour clouer les montants d'une barricade. Les ready-made de M. Duchamp sont une illustration toute prête, donc commode, de cette structure de l'« en tant que » herméneutique. Insérer un urinoir ou un porte-bouteille dans un musée, c'est d'une part briser le réseau de renvois familiers dans lequel s'insèrent ordinairement ces objets, et dans lequel nous avons l'habitude de les appréhender, de nous en servir ; c'est d'autre part modifier l'appréhension de ces objets en nous les faisant regarder autrement (comme une œuvre d'art) qu'on ne les voyait jusqu'alors (comme un urinoir) par le fait même de les insérer dans un autre réseau de renvois. C'est donc mettre en évidence que le rapport quotidien au monde est *com-préhensif* : tout objet reçoit son *sens d'être* relativement à un contexte au sein duquel il est compris comme ce qu'il est (un urinoir plutôt qu'une œuvre d'art par exemple). La totalité de renvois prescrit le rapport que nous devons avoir à l'objet (une œuvre d'art ou un objet du quotidien) et le comportement que nous adoptons à son égard l'appréhende en son sens d'être.

C'est dans cette appréhension du sens d'être que se loge le rapport entre compréhension et interprétation, en un sens qu'il faut préciser. Dans la vie quotidienne, nous appréhendons les objets de façon perspectiviste : relativement à la manière dont ils nous apparaissent *et* à la manière dont nous nous rapportons à eux. Si les objets perçus sont com-pris en leur sens, si celui-ci peut être autre, urinoir ou *Fountain*, c'est que l'agencement des parties, les connexions qui composent la totalité de sens, est autre. Le sens, nous l'avons vu, est la direction au sein du réseau de renvois que suit le regard circonspect. Ce sens est exprimable dans la signification des mots, mais cela n'a rien de nécessaire. On peut tourner le dos à l'urinoir de Duchamp sans dire tout ce qu'on en pense, et ce comportement peut être une façon de le dire.

Le caractère perspectiviste de la compréhension de l'objet découvert *comme* ceci ou *comme* cela n'est pas, en tant que tel, une interprétation. Il en va là comme pour la lecture : il en recèle la possibilité. Quand nous nous y retrouvons dans notre environnement et que tout s'intègre, nous circulons entre les «outils» et les relions les uns aux autres sans interpréter. Heidegger précise toutefois :

> Nous appelons explicitation [*Auslegung*] le développement de la compréhension. En elle, la compréhension s'approprie ce qu'elle comprend en comprenant. Dans l'explicitation, la compréhension ne devient pas quelque chose d'autre, mais elle-même. [...] Toute explicitation qui doit contribuer à la compréhension doit avoir déjà compris ce qui est à expliciter[1].

Manier des ustensiles de cuisine par exemple, c'est témoigner, dans le fait même de les utiliser, une compréhension, une maîtrise pratique de ces objets, et leur utilisation *explicite* cette compréhension préalable, elle l'a fait advenir à elle-même en l'actualisant dans l'accomplissement de la tâche qui est la mienne. Cette actualisation est une *explicitation* car

---

1. Heidegger, *Sein und Zeit*, § 32, p. 152 et p. 148.

elle met en rapport divers « outils » (la casserole, le gaz, les ingrédients, etc.) les uns avec les autres pour accomplir la recette. Cette compréhension se passe le plus souvent de réflexion et s'accomplit « naturellement », à la mesure de la familiarité que nous avons avec le monde qui nous entoure et les objets qui s'y trouvent.

On ne peut dire pour autant que cette *Auslegung* soit une interprétation, et c'est pourquoi il faut traduire ici le mot par « explicitation ». En effet, tant que l'objet, compris *en tant que* ceci ou cela, s'intègre parfaitement dans le contexte au sein duquel l'individu est lui-même impliqué et absorbé et dans lequel il vit, il n'est pas besoin d'interpréter. Et si un objet s'avère défaillant, on en prend un autre et tout rentre dans l'ordre. En revanche, lorsqu'un objet ne parvient pas à s'insérer dans le contexte (c'est l'effet de surprise que crée le ready-made), il est alors vu *du dehors*. C'est alors que l'interprétation commence, exactement comme pour la lecture qui bute et bloque sur quelque chose qui ne s'intègre pas bien dans la trame du récit, et que le sens du tout devient problème.

Wittgenstein prend l'exemple d'un spectateur dans une salle de cinéma, absorbé par le film qu'il regarde. Soudain la lumière s'allume, mais les images du film continuent à défiler sur l'écran. Le film est alors vu « du dehors ». En revanche, dit Wittgenstein, en étant plongé dans le film :

> Je n'interprète plus parce que je me sens chez moi dans l'image présente. Quand j'interprète, je parcours, étape par étape, le cours de mes pensées. Si je vois « du dehors » le symbole pensé, je prends conscience qu'il *pourrait* être interprété de telle et telle manière. S'il est une étape dans le cours de mes pensées, il est pour moi un point d'arrêt naturel,

et je ne me préoccupe pas (ne m'inquiète pas) de la possibilité de l'interpréter plus avant [1].

C'est justement pour cette raison que la structure de l'« en tant que » herméneutique, dont parle Heidegger, n'est pas une interprétation, mais l'explicitation du jeu de la compréhension dont l'individu est un élément. En ce cas, il n'y a pas d'extériorité car les objets ne sont pas vus du dehors, mais ils s'intègrent naturellement dans l'horizon de la préoccupation.

L'interprétation commence donc lorsqu'il y a rupture au sein de ce tissu de signifiance, lorsqu'une chose est appréhendée du dehors et que le tout devient problème. C'est pourquoi, bien que la structure de l'« en tant que » herméneutique ne soit pas en elle-même interprétation, elle en contient la possibilité, comme la lecture contient la possibilité de l'interprétation. Toute interprétation présuppose un élément extérieur sur lequel elle se dirige *réflexivement* et qui résiste à la compréhension, elle consiste à transposer sur le comportement de l'interprète quelque chose de cette extériorité pour l'insérer dans un tout au sein duquel il sera reconnu comme quelque chose. C'est par exemple se demander, face au readymade de M. Duchamp, ce que « ça peut bien vouloir dire », ou face à un objet d'une culture étrangère qui nous est inconnu à quoi il peut bien servir.

Par conséquent, si le rapport au monde n'est pas comme tel une interprétation, il reste que, dès qu'il y a compréhension, il y a possibilité d'interpréter.

La possibilité de comprendre tient à celle d'une interprétation médiatrice. Cela est vrai également, quant au fond, dans les

---

1. Wittgenstein, *Fiches*, § 234-235, trad. fr. J.-P. Cometti et É. Rigal, Paris, Gallimard, 2008 p. 63.

cas où la compréhension surgit immédiatement *sans l'aide d'aucune interprétation expresse*. Car, même dans ce cas, *il faut que l'interprétation soit possible*, ce qui signifie bien qu'elle est virtuellement contenue dans la compréhension[1].

Interprétation et spéculation

L'interprétation est la façon dont la compréhension s'accomplit, elle en constitue l'explicitation. En ce sens, il n'est pas de compréhension sans interprétation, si ce n'est en fait du moins en principe. En outre, cet accomplissement acquiert un caractère explicite ou formel parce que l'interprétation se déploie dans le milieu ou l'élément de la langue. Il y a entre la compréhension et la langue un rapport réciproque, seul ce qui accède en principe au langage; seul ce qui est, pourrions-nous dire, verbalisable, peut être compris, et l'on ne peut comprendre que ce qui devient langage. Cela fait du langage le milieu ou l'élément de la compréhension : «*Le langage est le milieu universel* [*das universale Medium*] *dans lequel s'accomplit la compréhension. Le mode d'accomplissement de la compréhension est l'interprétation* »[2].

C'est le sens de la formule générale de Gadamer affirmant que « l'être, qui peut être compris, est langage », où la relative a valeur de médiation[3] : être et langage ne sont mis en rapport que par la médiation de la compréhension. Cette formule ne revient pas à dire que l'être s'identifie au langage, mais plutôt que c'est dans la mesure où il peut être compris, que l'être est langage. Le langage représente donc les limites, ou le cadre, de

1. H.-G. Gadamer, *Vérité et méthode*, *op. cit.*, p. 420, nous soulignons.
2. H.-G. Gadamer, *Vérité et méthode*, *op. cit.*, p. 410.
3. *Cf.* D. Di Cesare, *Utopia del comprendere*, Gênes, Il Melangolo, 2003, p. 22 *sq.*

la compréhensibilité de l'être, il en articule la compréhension. Autrement dit, la valeur médiatrice de la compréhension est à entendre spéculativement. Gadamer définit de la manière suivante le spéculatif : « être une seule et même chose et être pourtant différent, ce paradoxe qui vaut pour tout contenu de tradition, montre que toute interprétation est en vérité spéculative »[1]. La référence au contenu de tradition, à ce qui est transmis dans l'histoire, est un exemple du spéculatif. Ainsi en est-il évidemment des œuvres d'art qui exigent structurellement une reproduction, dans la mesure où leur être est inséparable d'une représentation : *ce que* l'œuvre présente ne se donne pas ailleurs que dans la *représentation* qui n'est pourtant qu'*une* représentation de l'œuvre *même*. Il en est de même de l'être d'un texte. Le sens d'un texte est inséparable de la lecture que l'on en fait, de sorte qu'il n'y a pas d'un côté le texte, et de l'autre sa lecture qui s'y ajouterait éventuellement. Le sens advient dans la lecture que l'on en fait et c'est pourquoi l'interprétation n'est pas une opération liée à une « situation pédagogique », mais elle appartient au contraire structurellement à la compréhension. C'est là un fait qui, bien que banal, a des conséquences importantes pour la question de la compréhension et de l'interprétation. Il signifie que le sens d'un texte n'est pas objectivement contenu dans le texte comme les mots le sont, mais il advient au contraire dans la lecture dont il est inséparable. C'est un événement de sens.

S'il en est ainsi, l'unité du sens du texte est inséparable d'une différenciation originaire : au sein même de chaque lecture advient une différenciation entre le texte lui-même et son interprétation par le biais de laquelle « le même texte se présente à nous de manière chaque fois différente ». Il s'agit là d'un

1. H.-G. Gadamer, *Vérité et méthode*, *op. cit.*, p. 498.

être-autre structurel qui rend possible le devenir autre historique d'un contenu de tradition : la répétition de la lecture produit la différence ou la disjonction entre le texte lui-même et ses interprétations qui adviennent dans la lecture. C'est dans ce jeu que le sens du texte se manifeste.

Cette différenciation structurelle de l'être du texte ouvre le devenir autre historique du texte, et renvoie à l'histoire de sa réception. C'est parce que le texte a son être dans la lecture qui réactive chaque fois son sens et contribue ainsi à le présenter, que le texte peut s'ouvrir à une histoire, celle de ses interprétations. L'être-autre du texte constitue son identité spéculative, comprise comme une différenciation originaire du même, ce qui est le principe de la répétition du texte lui-même et de son devenir historique. *Ce qui* est répété, ce n'est pas l'interprétation, c'est le texte même qui chaque fois se présente comme même dans la multiplicité de ses interprétations. L'idéalité du texte n'a donc rien d'une idéalité spécifique ; cette dernière résulte toujours d'un processus de comparaison alors que la première renvoie à une identification grâce à laquelle quelque chose (le texte) se présente dans autre chose (son interprétation) et ainsi « ressort »[1] tel qu'en lui-même.

C'est pourquoi une interprétation n'a pas à chercher ailleurs qu'en elle-même son critère. Elle est ce critère dans la mesure où elle se met en jeu relativement à *ce dont* elle est interprétation. Elle est ce jeu et, donc, son accomplissement est la mesure qui détermine son type propre d'évidence. Il arrive que certaines interprétations fassent mieux ressortir le texte que d'autres, elles sont plus marquantes ; c'est la raison pour laquelle il est non seulement utile mais nécessaire de s'y

1. H.-G. Gadamer, *La philosophie herméneutique*, *op. cit.*, p. 210 ; *Vérité et méthode*, *op. cit.*, p. 132.

référer parce qu'elles ont valeur de modèle, exactement comme pour les interprétations marquantes d'une pièce de théâtre ou de musique. Mais il demeure que c'est du sein de l'interprétation que le sens du texte advient chaque fois, sans qu'il s'agisse là d'un second sens qui viendrait se plaquer de l'extérieur sur le texte. C'est pourquoi Gadamer peut écrire que le paradoxe de l'interprétation est que plus celle-ci est juste, plus elle tend à disparaître pour laisser place à ce qu'elle présente et médiatise.

De l'identité spéculative de la chose qui est à interpréter résulte que ce qui est passé, bien que passé, peut se tenir, en une certaine mesure, devant nous, c'est-à-dire avoir une valeur prospective. C'est ce qu'écrit Nietzsche, d'une manière provocante en apparence seulement :

> En tout ce qui pouvait émouvoir Zoroastre, Moïse, Mahomet, Jésus, Platon, Brutus, Spinoza, Mirabeau, moi aussi d'ores et déjà j'étais déjà vivant et pour maintes choses ce n'est qu'en moi que vient au jour ce qui nécessitait quelques millénaires pour passe de l'état l'embryon à celui de pleine maturité [1].

Ce qui est passé « mûrit » en nous, parce qu'il ne se présente que dans la reprise que nous en faisons, et c'est ainsi qu'il révèle sa dimension productive et prospective, parfois de manière inattendue. C'est ainsi que Nietzsche peut revendiquer la filiation suivante :

> nous autres qui cherchons aujourd'hui la connaissance, nous autres sans dieu et antimétaphysiciens, nous puisons encore

---

1. F. Nietzsche, *Œuvres philosophiques complètes V. Le Gai savoir. Fragments posthumes 1881-1882*, trad. fr. P. Klossowski, Paris, Gallimard, 1982, p. 517-518. C'est pourquoi, comme l'affirme Nietzsche à son propos, le lecteur peut-être un « destin ».

notre feu à l'incendie qu'une croyance millénaire a enflammé, cette croyance chrétienne qui était aussi celle de Platon [1],

celle qui met la vérité au-dessus de tout et donc qui fait de la volonté de vérité une valeur suprême.

On ne peut donc séparer ce qui serait d'un côté l'objectivité du sens du texte, et de l'autre la lecture qui en constituerait la part subjective. C'est au contraire au sein du processus événementiel de l'interprétation que peut apparaître une lecture erronée aussi bien qu'une lecture pertinente. Autrement dit, le statut ontologique de l'objet historique est, selon le mot de Gadamer, celui d'un «fantôme» [2] : il n'a pas la consistance d'un objet mais se constitue dans l'entre-deux de la situation de l'interprète et de l'altérité du texte. De même, du côté du lecteur, »croire que l'on puisse faire abstraction de soi-même témoigne bien plutôt de la naïveté de l'objectivisme historique. [...] Une pensée vraiment historique doit inclure celle de sa propre historicité » [3]. Gadamer renvoie donc dos-à-dos les deux positions opposées, mais cependant solidaires, que sont d'une part l'objectivisme naïf attaché à l'idéal dogmatique d'une connaissance absolue, et d'autre part le relativisme naïf qui conduit au scepticisme quant à la question de la connaissance. L'histoire travaille au contraire dans le procès même de la compréhension, de sorte que la tâche d'une herméneutique en adéquation avec son objet est d'élever à la conscience, autant que faire se peut, l'effectivité de l'histoire au sein même de ce procès, et cela autant du côté de l'objet de la compréhension que du côté du sujet qui comprend. Ce sont le sujet

1. F. Nietzsche, *Le Gai savoir*, *op. cit.*, § 344.
2. H.-G. Gadamer, *Vérité et méthode*, *op. cit.*, p. 321 ; *cf.* p. 305 ; 351.
3. *Ibid.*, p. 321.

et l'objet de la compréhension qui « ont pour *mode d'être l'historicité* »[1].

De ce que le sens d'un texte se présente dans l'événement même de la compréhension, Gadamer en tire la conséquence que le sens du texte est inséparable de son application, ou en d'autres termes que le texte est toujours compris autrement : « il suffit de dire que l'on comprend *autrement, lorsque l'on comprend* »[2]. L'application n'est qu'une autre façon de nommer l'événement de sens qu'est l'interprétation dans sa dimension objective et subjective, *i. e.* dans la circularité du mouvement interprétatif. C'est ce que cherche à montrer Gadamer lorsqu'il interroge la tâche du juriste et celle de l'historien du droit[3]. Les deux tâches semblent au premier abord tout à fait distinctes : le juriste se soucie d'appliquer la loi à un cas donné, de sorte que le sens de cette loi est saisi à partir du cas singulier. L'historien en revanche vise le sens de la loi à travers l'évolution historique qui s'est concrétisée dans toutes ses applications. Tous deux cependant sont guidés par le sens de la loi. Or, où trouve-t-on celui-ci ? Le sens de la loi n'est pas ailleurs que dans l'application elle-même. L'historien ne trouve en effet ce sens de la loi, quand bien même celle-ci n'est plus en vigueur, que dans ses applications ; c'est pourquoi il doit penser juridiquement pour dégager le sens de cette loi. Inversement, le juriste qui veut être fidèle au sens de la loi ne peut pas ne pas se référer, fût-ce partiellement, à certaines applications historiques qui sont autant de directions indiquant le sens de la loi elle-même. L'application, en même temps qu'elle contribue à actualiser le sens de la loi, n'abolit

---

1. H.-G. Gadamer, *Vérité et méthode*, *op. cit.*, p. 282.
2. *Ibid.*, p. 318.
3. Cf. *Ibid.*, p. 347-363.

cependant pas la différence entre l'application particulière et la loi elle-même : elle produit au contraire, en tant qu'application de *la* loi, la différence ou l'intervalle au sein duquel peuvent se déployer les applications. Il s'ensuit également que l'application n'est pas un procédé technique, parce que le sens de la loi réside dans sa présentation : c'est le cas concret dans ce qu'il a de singulier qui révèle, manifeste la loi à elle-même, contribuant ainsi à enrichir sa teneur et à déterminer son sens. L'universalité de la loi n'est donc pas extérieure à son application qui, seule, la présente sous la forme d'un universel concret. Gadamer fait le même raisonnement, *mutatis mutandis*, à propos de l'herméneutique théologique dont la tâche réside dans l'application édifiante de l'Ecriture sainte dans la proclamation et dans la prédication, et il soutient qu'il s'agit de « *redéfinir l'herméneutique des sciences de l'esprit en partant de l'herméneutique juridique et de l'herméneutique théologique* »[1].

Comprendre autrement, interpréter justement

De l'idée que le sens du texte dépend de la lecture que l'on en fait à celle de vouloir traiter tous les textes à partir de l'herméneutique juridique et théologique, il y a cependant un pas, qui n'est pas évident. Outre ses implications intellectuelles et politiques, assurément conservatrices[2], une telle position revient à attribuer aux textes, notamment philosophiques mais pas seulement, une valeur normative qui ne va nullement de soi. En outre, elle tend à disqualifier les intentions de l'auteur comme mesure possible de la compréhension ; elle tend aussi à rabaisser la compréhension historique au

---

1. H.-G. Gadamer, *Vérité et méthode*, *op. cit.*, p. 332.
2. *Cf.* P. Bourdieu, *Les règles de l'art*, *op. cit.*, p. 499 *sq.*

rang d'une compréhension inauthentique, parce que celle-ci suspend la prétention à la vérité que le texte est censé transmettre.

> Le texte transmis en historien est formellement dépossédé de la prétention à dire quelque chose de vrai. Lorsque l'on considère la tradition en historien, que l'on se replace dans la situation historique et que l'on cherche à reconstituer l'horizon historique, on croit comprendre. En réalité, on a fondamentalement renoncé à l'ambition de trouver dans la tradition une vérité qui elle-même s'imposerait et se ferait comprendre. Cette manière de reconnaître l'altérité de l'autre, qui en fait un objet de connaissance objective, équivaut à suspendre dans le principe sa prétention.[1]

Les propos de Gadamer doivent être entendus avant tout de manière descriptive. Un texte qui nous « parle » immédiatement, comme on dit, ne semble pas requérir la reconstitution de l'horizon historique pour être compris. En outre, que l'application d'un texte normatif, et a fortiori d'une proposition scientifique, ne soit pas la même chose que l'analyse historique des conditions ayant rendu possible leur émergence, est certain. Mais il faut sans doute, au minimum, comme le rappelle Bourdieu, mettre à l'épreuve une telle prétention qui, sans cette interrogation critique, risque de n'être qu'une rationalisation des intérêts particuliers du lecteur (en l'occurrence l'expérience du lecteur savant et cultivé), sinon l'expérience herméneutique risque de n'être rien de plus qu'un « narcissisme herméneutique » par lequel l'interprète, mettant en jeu ses propres concepts préalables dans l'opération de l'interprétation, « affirme son intelligence et sa grandeur par son

---

1. H.-G. Gadamer, *Vérité et méthode, op. cit.*, p. 325.

intelligence empathique des grands auteurs » [1], promouvant ainsi une théorie de la compréhension (productrice de sens *vs* reproductrice) en adéquation avec son statut social particulier de lecteur savant, qui tend à assimiler le *lector* à l'*auctor* :

> Il n'est pas besoin de pousser très loin l'observation empirique pour découvrir que le lecteur qu'appellent les œuvres pures est le produit de conditions sociales d'exception qui reproduisent (*mutatis mutandis*) les conditions sociales de leur production (en ce sens, l'auteur et le lecteur légitime sont interchangeables) [2].

Dit autrement, si la mise en jeu des concepts préalables dans l'interprétation est un fait, il est sans doute nécessaire de se donner des moyens *méthodiques* pour se prémunir des projections non contrôlées qui ne feraient que confirmer le narcissisme herméneutique dont parle Bourdieu. Car, lorsque l'on a relevé le caractère spéculatif de l'interprétation, on n'a rien dit par là de la « rectitude » ou de la « profondeur » de la compréhension, et par conséquent de son progrès. Comme l'écrit Apel :

> À mon sens, le caractère incontournable d'une *compréhension différente* conditionnée par la situation sur le fond d'une fusion des horizons [entre le passé et le présent] caractérise trivialement aussi bien la compréhension superficielle et même fausse [3].

---

1. P. Bourdieu, *Les règles de l'art*, *op. cit.*, p. 494.

2. P. Bourdieu, *Les règles de l'art*, *op. cit.*, p. 491. Outre les positions de Gadamer, Bourdieu renvoie aussi à celles de W. Iser, M. Riffaterre ou encore St. Fish.

3. K.-O Apel, « Idées régulatrices ou advenir de la vérité ? À propos de la tentative gadamérienne de répondre à la question des conditions de possibilité d'une compréhension valide », trad. fr. J.-Cl. Gens, dans G. Deniau

La difficulté consiste donc à lier, comme on l'a dit plus haut, la compréhension autre et la justesse de la compréhension. En vertu de l'appartenance de l'interprète à la tradition qui le lie à la chose qui s'adresse à lui comme quelque chose qui lui parle, Gadamer assigne à l'herméneutique une tâche descriptive, celle consistant « à éclairer les conditions dans lesquelles [la compréhension] se produit »[1], mais cette tâche ne résout pas la question de la compréhension juste qu'elle laisse entière et qui ne peut être éludée, d'autant moins que la disparition de l'interprétation derrière ce qu'elle laisse paraître peut aussi caractériser la compréhension erronée ou superficielle. Cela dit, peut-il exister un autre critère? Nous nous contentons d'une interprétation tant qu'elle nous satisfait, et nous en proposons une autre quand la première nous apparaît insuffisante, et ainsi de suite. Mais, pour penser l'historicité même de la compréhension et de l'interprétation, il faut toujours interroger ce qui fait qu'un texte du passé nous parle ou nous adresse la parole comme s'il disait la vérité, sinon le risque est grand que l'interprétation confonde cette autorité avec la vérité elle-même.

et J.-Cl. Gens (éd.), *L'héritage de Gadamer*, Paris, Le Cercle herméneutique, 2003, p. 155.

1. H.-G. Gadamer, *Vérité et méthode*, *op. cit.*, p. 317.

TEXTE 2

JEAN-JACQUES ROUSSEAU
*Discours sur l'origine de l'inégalité parmi les hommes**

Qu'il me soit permis de considérer un instant les embarras de l'origine des langues. Je pourrais me contenter de citer ou de répéter ici les recherches que M. l'Abbé de Condillac a faites sur cette matière, qui toutes confirment pleinement mon sentiment, et qui, peut-être m'en ont donné la première idée. Mais la manière dont ce philosophe résout les difficultés qu'il se fait à lui-même sur l'origine des signes institués, montrant qu'il a supposé ce que je mets en question, savoir une sorte de société déjà établie entre les inventeurs du langage, je coirs en renvoyant à ses réflexions devoir y joindre les miennes pour exposer les mêmes difficultés dans le jour qui convient à mon sujet. La première qui se présente est d'imaginer comment elles purent devenir nécessaires ; car les hommes n'ayant nulle correspondance entre eux, ni aucun besoin d'en avoir, on ne conçoit ni la nécessité de cette invention, ni sa possibilité, si elle ne fut pas indispensable. Je dirais bien, comme beaucoup d'autres, que les langues sont nées dans le commerce

* J.-J. Rousseau, *Discours sur l'origine et les fondements de l'inégalité parmi les hommes*, Amsterdam, M.-M. Rey, p. 42-52. L'orthographe a été modernisée.

domestique des pères, des mères et des enfants : mais outre que cela ne résoudrait pas les objections, ce serait commettre la faute de ceux qui raisonnent sur l'état de nature, y transportent les idées prises dans la société… […].

Supposons cette première difficulté [concernant la nécessité de l'invention des langues] vaincue : franchissons pour un moment l'espace immense qui dut se trouver entre le pur état de nature et le besoin des langues ; et cherchons, en les supposant nécessaires, comment elles purent commencer à s'établir. Nouvelle difficulté pire encore que la précédente ; car si les hommes ont eu besoin de la parole pour apprendre à penser, ils ont eu bien plus besoin encore de savoir penser pour trouver l'art de la parole ; et quand on comprendrait comment les sons de la voix ont été pris pour les interprètes conventionnels de nos idées, il resterait toujours à savoir quels ont pu être les interprètes mêmes de cette convention pour les idées qui, n'ayant point un objet sensible, ne pouvaient s'indiquer ni par le geste, ni par la voix, de sorte qu'à peine peut-on former des conjectures supportables sur la naissance de cet art de communiquer ses pensées, et d'établir un commerce entre les esprits : art sublime qui est déjà si loin de son origine, mais que le philosophe voit encore à une si prodigieuse distance de sa perfection qu'il n'y a point d'homme assez hardi pour assurer qu'il y arriverait jamais, quand les révolutions que le temps amène nécessairement seraient suspendues en sa faveur, que les préjugés sortiraient des académies ou se tairaient devant elles, et qu'elles pourraient s'occuper de cet objet épineux, durant des siècles entiers sans interruption.

Le premier langage de l'homme, le langage le plus universel, le plus énergique, et le seul dont il eut besoin, avant qu'il fallût persuader des hommes assemblés, est le cri de la nature. Comme ce cri n'était arraché que par une sorte d'instinct dans les occasions pressantes, pour implorer du secours dans les grands dangers, ou du soulagement dans les maux violents, il n'était pas d'un grand usage dans le cours ordinaire de la vie, où règnent des sentiments plus modérés. Quand les idées des hommes commencèrent à s'étendre et à se multiplier, et qu'il s'établit entre eux une communication plus étroite, ils cherchèrent des signes plus nombreux et un langage plus étendu : ils multiplièrent les inflexions de la voix, et y joignirent les gestes, qui, par leur nature, sont plus expressifs, et dont le sens dépend moins d'une détermination antérieure. Ils exprimaient donc les objets visibles et mobiles par des gestes, et ceux qui frappent l'ouïe, par des sons imitatifs : mais comme le geste n'indique guère que les objets présents, ou faciles à décrire, et les actions visibles ; qu'il n'est pas d'un usage universel, puisque l'obscurité, ou l'interposition d'un corps le rendent inutiles […], on s'avisa enfin de lui substituer les articulations de la voix, qui, sans avoir le même rapport avec certaines idées, sont plus propres à les représenter toutes, comme signes institués.

APPRENDRE UNE LANGUE,
INTERPRÉTER DANS UNE LANGUE

La discussion sur l'origine des langues dans le second *Discours* est introduite par Rousseau dans le cadre d'une interrogation sur la nature de l'homme; elle confirme le caractère aporétique du passage de la nature à la culture. En un sens, elle ne fait donc que réitérer la thèse qui court dans tout le texte de Rousseau, consistant à soutenir que, là où il y a homme, il y a culture.

Dans la première partie de l'ouvrage d'où ce passage est extrait, Rousseau envisage de discourir de «l'état naturel de l'homme». Pour ce faire, il faut «démêler ce qu'il tient de son propre fonds d'avec ce que les circonstances et ses progrès ont ajouté ou changé à son état primitif» (Préface, p. XXXIJ), ou encore «démêler ce qu'il y a d'originaire et d'artificiel dans la nature actuelle de l'homme» (p. XXXV), afin de voir l'homme tel qu'en lui-même. Il s'agit par là de tenter de répondre à la question «qu'est-ce que l'homme?», question préalable indispensable pour résoudre celle proposée par l'Académie de Dijon sur l'origine de l'inégalité parmi les hommes.

La régression à l'origine n'a donc pas le sens d'une enquête historique qui rechercherait les traces d'un homme qui aurait existé. Elle consiste à faire abstraction du social ; elle ne reconduit pas à un état primitif de l'humanité, mais plutôt aux »premières et [...] plus simples opérations de l'âme humaine » (p. XLJ), à un état où les facultés de l'âme humaine sont en quelque sorte en veilleuse. L'homme naturel n'est pas un homme réel, c'est une possibilité d'homme, un homme qui n'a encore reçu aucune détermination culturelle, qui ne parle *ni* le chinois, *ni* le français, *ni* aucune langue, mais qui peut apprendre l'une ou l'autre, qui est donc perfectible.

La perfectibilité ne se développe qu'« à l'aide des circonstances » écrit Rousseau. En effet, ce développement ne se produit pas spontanément, naturellement, comme c'est le cas pour le bourgeon dont le développement est l'actualisation d'une nature préétablie, *i. e.* un développement interne. La fleur n'est pas contenue dans le bourgeon comme l'homme dans l'embryon : la plante devient ce qu'elle est naturellement. Le développement de la perfectibilité suppose pour sa part un aiguillon extérieur, celui de la culture. La langue française n'est pas dans le petit d'homme comme la fleur est dans le bourgeon. L'homme est ce qu'il devient culturellement.

Rapporté à la question de l'origine des langues, qui est un cas exemplaire de l'origine de l'institution en général, cela revient à dire que « la parole paraît avoir été fort nécessaire pour établir l'usage de la parole » (p. 53). C'est pourquoi « la première invention des langues » a suscité des « peines inconcevables », ce qu'il faut prendre à la lettre : le passage de la nature à la culture, l'origine même de la langue demeure aporétique. Par conséquent, comme le dira plus tard Durkheim, « la cause déterminante d'un fait social doit être cherchée parmi les faits sociaux antécédents, et non parmi les états de conscience individuelle »[1], de sorte qu'il ne peut s'agir, par exemple, de dériver l'institution familiale du sentiment familial qui serait inscrit en l'homme comme une tendance universelle.

Rousseau rend hommage aux travaux de Condillac sur le langage, mais il montre que son hypothèse sur l'origine des langues repose sur une pétition de principe : Condillac présuppose ce qu'il s'agit de résoudre, parce qu'il projette sur l'état de nature un phénomène social. Il se donne en effet « une sorte de société déjà établie » entre les hommes, la famille, d'où dériverait le langage. En outre, son hypothèse repose sur une confusion entre la question de l'apprentissage et celle de l'origine des langues. Si l'on suppose que la mère apprend des mots déjà formés à l'enfant, c'est que le langage est déjà institué. Inversement, si l'on suppose que c'est l'enfant qui invente les mots pour se faire comprendre, non seulement on se heurte à une multiplicité de langues privées, ce qui est absurde. D'une part parce qu'une langue est, par définition, publique ; d'autre part, parce qu'une langue parlée par un seul ne permettrait aucune communication, et la question de savoir comme la mère a pu comprendre la langue de son enfant demeurerait obscure. Cela nous renvoie donc à la seconde question, celle de la possibilité de l'invention d'une langue.

Faut-il interpréter pour comprendre l'intériorité d'autrui ?

Rousseau suppose cette « première difficulté vaincue » : il suppose admis ce besoin de la langue comme fait anthropologique fondamental, et se demande alors *comment* la langue a

---

1. E. Durkheim, *Les règles de la méthode sociologique*, Paris, P.U.F., 2004, p. 109.

pu s'instituer. C'est alors qu'il formule une hypothèse qui fait intervenir la question de l'interprétation.

La question de la possibilité de l'invention d'une langue a, comme celle de da nécessité, la forme d'un cercle. D'une part, en effet, l'apprentissage et l'exercice de la pensée supposent la langue car on ne peut penser sans mot ; le langage n'est pas un simple moyen d'expression qui demeurerait extérieur à la pensée qui lui préexisterait. Il y a au contraire une union intime entre la pensée et la langue : celle-ci est le milieu, l'élément de la pensée. D'autre part, l'invention d'une langue suppose la pensée : pour inventer les mots, il faut penser. Cette circularité de la pensée et de la parole redouble la circularité entre langue et société : la société et la langue sont des institutions qui se présupposent l'une l'autre. Puisque la langue est publique, elle est un phénomène social ; inversement, la possibilité même d'une société semble supposer la langue comme ce qui constitue le lien social.

L'hypothèse de Rousseau quant à la question de la possibilité de l'invention d'une langue comporte deux moments : « – (a) quand on *comprendrait* comment les sons de la voix ont été pris pour les *interprètes conventionnels* de nos idées, – (b) il *resterait* toujours à savoir quels ont pu être les *interprètes* mêmes de cette convention pour les idées qui, *n'ayant point d'objet sensible*, ne pouvaient s'indiquer ni par le geste, ni par la voix ». Le conditionnel indique que Rousseau n'adhère pas à cette hypothèse, car elle pose problème. Selon elle, la genèse d'une langue obéirait au schéma suivant : un objet frapperait la sensibilité et laisserait sur l'âme une impression (une idée), que le mot ou le signe (le son de la voix) exprimerait ensuite en rendant publique et communicable une telle affection. Entre l'objet et l'idée, il y aurait donc un lien naturel, tandis qu'entre l'idée et le mot, le lien serait de convention. Et l'hypothèse pose que ce lien conventionnel requiert une interprétation, c'est-à-dire une médiation permettant de faire connaître, en la rendant publique, une affection qui, par nature, demeure privée. Ce serait donc parce que le signe est perçu de l'extérieur par autrui qu'il réclame une interprétation ; alors que celui qui éprouve l'affection et l'exprime dans un signe n'a pas besoin de l'interpréter, justement parce qu'il a un accès direct, vécu, à ce dont le signe est l'épreuve.

Il y a en apparence de bonnes raisons pour admettre une telle façon de voir les choses. Ainsi, les larmes ou les mots qui expriment la douleur ne sont pas la douleur comme telle, mais justement des signes qui la rendent manifeste. Il y a donc entre l'un et l'autre un lien qui n'est pas analytique : on peut retenir ses larmes en étant triste, feindre la tristesse en pleurant, ou encore pleurer de joie, tout comme on peut dire notre tristesse profonde sans affecter de l'être. On ne peut donc s'en tenir au signe pour prétendre comprendre ce dont il est l'expression, car le signe n'est qu'un critère extérieur, et celui-ci doit, par conséquent, être interprété, sinon on ne pourrait faire la différence entre les larmes de crocodile, les larmes de la tristesse réelle ou les pleurs de joie, puisque ce sont objectivement à chaque fois des pleurs. Il en va de même des mots d'amour qui, si l'on s'en tient à eux, en tant que signes, ne permettent pas de comprendre s'ils sont hypocrites ou sincères, pour la simple raison que ce ne sont pas les mots comme tels qui sont feints ou non, mais les sentiments dont les mots ne sont que l'expression extérieure. Comprendre les larmes ou les mots suppose donc de le faire à partir de l'état d'âme ou de l'intention intérieurs qui ont présidé, en tant que cause mentale, à leur expression, sinon la distinction entre deux états d'âme différents, voire contraires, qui s'expriment dans un même signe serait impossible à faire, tout comme la différence entre le comportement extérieur d'un homme et celui d'un robot. Dans cette perspective, la compréhension de l'intériorité suppose nécessairement la médiation d'une interprétation des signes par le biais desquels elle s'exprime.

S'il est certes vrai que c'est en raison de l'extériorité et de l'étrangeté qu'il est parfois nécessaire d'interpréter, il reste que l'interprétation n'est pas toujours ni nécessairement requise. La tendance à généraliser les situations où l'interprétation est requise est abusive. Cet abus a sa source dans ce que Ryle appelle le « mythe cartésien » ou le « dogme du fantôme dans la machine », qui revient à cliver l'individu en deux substances menant en quelque sorte des vies parallèles dont il s'agit de se demander ensuite comment l'une peut agir sur l'autre. D'un côté, il y aurait le corps étendu dans l'espace et soumis aux lois de la mécanique ; de l'autre, l'esprit, avec ses pensées, ses volitions, ses sentiments, etc., inobservable publiquement mais accessible au seul sujet qui l'éprouve dans l'intériorité du flux de sa conscience. Un tel clivage engendre, comme le montre Ryle, une « erreur de catégorie » consistant à subsumer les événements mentaux sous un type logique (en l'occurrence celui de substance et toute la conceptualité y afférente) alors qu'ils relèvent d'un autre (les dispositions). Celui qui commet cette erreur de catégorie procède comme s'il mettait sur le même plan les deux termes qu'associe un zeugma : « elle est arrivée en pleurs et en chaise à porteurs », alors qu'on ne peut coordonner deux termes appartenant à des catégories différentes, pas plus qu'on ne peut les disjoindre. Il est en effet tout aussi absurde de dire qu'« elle est arrivée soit en pleurs soit en chaise à porteurs »[1]. Cette erreur pousse donc à inférer, derrière les signes extérieurs par lesquels un individu s'exprime, des opérations mentales inobservables se déroulant sur une scène privée, de la même façon qu'on infère « des manipulations de leviers dans la cabine d'aiguillage à partir de mouvements observés par des poteaux de signalisation des lignes ferroviaires […], sauf que nul ne peut, en principe, visiter l'esprit d'autrui comme on peut visiter une cabine d'aiguillage »[2]. Pour répondre à cette difficulté, il devient nécessaire de raffiner la théorie. On part alors de la conscience qu'un individu a de la corrélation entre ses expériences privées (intérieures) et ses actions observables (extérieures); sur la base indubitable de cette conscience, l'individu infère une corrélation semblable pour autrui, à partir des signes extérieurs (le comportement d'autrui) qu'il perçoit. Comprendre le psychisme d'autrui revient à interpréter les signes, c'est-à-dire à deviner par inférence et analogie ce qui s'y passe.

Par conséquent, si nous pouvons comprendre le signe comme étant l'expression de la douleur d'autrui, c'est que, lorsque nous souffrons, notre douleur s'exprime d'une façon semblable à la sienne. Si les choses se passent ainsi, il faut donc supposer un niveau d'expressivité naturelle chez les hommes jusqu'auquel l'interprétation doit remonter pour comprendre la douleur de l'autre.

1. L'exemple est de G. Ryle, *La notion d'esprit*, *op. cit.*, p. 89.
2. G. Ryle, *La notion d'esprit*, *op. cit.*, p. 127-128.

*L'expression de l'intériorité,
l'être-au-monde et l'interprétation*

Cette hypothèse que Rousseau mobilise, pour la critiquer, repose donc sur la distinction entre, d'un côté, un élément intérieur et son langage, son régime d'expressivité naturelle, et d'un autre côté l'expression conventionnelle. Même si Rousseau ne l'évoque pas, cette hypothèse n'est pas sans rappeler celle d'Augustin qui, dans les *Confessions*, reconduit l'apprentissage de la langue par l'enfant au comportement des locuteurs : c'est en observant la corrélation entre les mouvements du corps (le geste vers une chose) et la nomination qui les accompagne que l'enfant apprend d'une part à mettre un nom sur les choses, d'autre part à connaître les intentions des adultes. Ces intentions, précise Augustin, lui deviennent manifestes « par ce langage naturel commun à tous les peuples, langage constitué d'un regard, d'un clin d'œil ou d'une intonation qui sont autant de signes de l'affection de l'âme quand elle demande, possède, rejette ou fuit quelque chose »[1]. Le signe du langage naturel a donc une double fonction : il exprime l'affection de l'âme qu'il rend manifeste dans les mouvements du corps, et il renvoie à quelque chose d'autre que lui. Entre l'affection de l'âme et ce qui l'a causée, il y a un lien naturel auquel se substitue par la suite le lien conventionnel institué par les diverses langues.

Or, ce redoublement du langage est problématique[2], d'une part parce que la position d'un langage naturel n'a rien d'évident, d'autre part parce qu'il nous entraîne sur une pente glissante qui conduit à penser le rapport entre l'élément

---

1. Augustin, *Confessions*, I, VIII, 13.
2. *Cf.* G. Figal, *Gegenständlichkeit*, *op. cit.*, p. 244 *sq.*

intérieur et le langage extérieur comme une traduction, donc comme une interprétation dont l'extension est alors coextensive à la parole.

La position d'une langue naturelle semble ignorer les différences culturelles et sociales qui distinguent les modalités d'expression de l'intériorité, et c'est pourquoi il convient de déterminer plus rigoureusement ce rapport entre l'intériorité et son expression. C'est ce que fait Merleau-Ponty lorsqu'il rapproche le langage (institué) des expressions émotionnelles et réfute l'idée qu'il y aurait chez l'homme des signes naturels. C'est un fait culturel que l'Occidental tape du pied et rougit dans la colère, tandis que le Japonais sourit ; quant à aux mœurs traditionnelles du Japon, elles ignorent le baiser. Or, écrit Merleau-Ponty, cette « différence des mimiques recouvre une différence des émotions elles-mêmes ». Contrairement à ce qu'on pourrait croire, l'émotion n'est pas quelque chose d'intérieur qui, ensuite et occasionnellement, s'extérioriserait ; elle est au contraire, comme le suggère le mot d'émotion, le mouvement même du corps (et de l'âme, donc de l'individu dans son entier) qui réagit à quelque chose. L'émotion n'est pas distincte du mouvement réactif du corps qui l'exprime, et il n'y a pas à chercher une intériorité derrière le geste, puisque l'émotion est *dans* le geste, elle est ce geste, *i. e.* une *manière d'être au monde* qui, pour l'homme, est culturel- lement déterminée, comme l'indique le terme de « mimique ». Si nous pouvons être tentés de poser une extériorité entre les deux (d'un côté l'émotion en tant qu'affect purement interne ; de l'autre, le geste ou le mouvement du corps extérieur à l'émotion), c'est notamment parce que nous avons appris à contenir, en certaines circonstances, nos émotions, de sorte qu'un clivage semble s'opérer entre le vécu intérieur et son expression extérieure. Or, le fait de contenir les émotions montre que celles-ci sont ce mouvement du corps dont elles ne se distinguent pas. De même, si l'on a tendance à croire que ce mouvement ou ce geste est naturel (comme l'atteste le mouvement de la colère pour celui qui l'éprouve), c'est parce que nous l'avons incorporé par le biais de l'éducation. Plutôt qu'un affect interne, l'émotion est plutôt une manière culturelle d'être au monde, une disposition acquise du corps, une manière déterminée culturellement de faire usage de celui-ci. En ce sens, l'émotion est dehors, elle est extérieure. Dans l'émotion, il y a « une mise en forme simultanée » du corps et du monde dans lequel vit l'homme, et c'est pourquoi il faut dire que « les sentiments et les conduites passionnelles sont inventés comme les mots »[1].

Le redoublement du langage (en intérieur et extérieur) est par là écarté et, avec lui, le fantôme d'un objet intérieur auquel il faudrait remonter en interprétant les signes extérieurs.

Ce que l'on interprète quand on interprète des signes, c'est une manière d'être au monde, non l'intériorité d'un psychisme. Dit autrement, il n'y a rien « derrière » le signe, celui-ci ne se substitue à rien qui serait caché derrière lui. Le signe s'interprète relativement à une appartenance déterminée au monde, et les signes par lesquels l'esprit se manifeste sont le fonctionnement de l'esprit lui-même, de sorte que comprendre l'esprit c'est comprendre ses réalisations comme autant de modalités d'être-au-monde. Par conséquent si interprétation il peut parfois y avoir, elle touche le rapport au monde, le réseau de significations au sein duquel quelque chose est

---

1. M. Merleau-Ponty, *Phénoménologie de la perception*, Paris, Tel-Gallimard, 1985, p. 220, comme les citations précédentes.

compris ainsi ou autrement. Elle touche l'articulation de la signification comme telle.

C'est pourquoi l'hypothèse qu'évoque Rousseau est intenable. Il peut sembler évident que l'apprentissage du langage commence par la nomination des choses visibles (« chat », éventuellement certains adjectifs : « bon »), puisqu'on ne peut commencer par des mots comme « le », « un », ou « néant ». L'apprentissage de la langue par l'enfant a, à cet égard (*i. e.* pour comprendre la possibilité de l'institution langagière), une valeur heuristique, car l'enfant ne possède pas encore la langue, de sorte qu'il est comparable, jusqu'à un certain point, à l'homme à l'état naturel, sans institution.

Mais, si l'on ne connaît rien de la langue, on ne peut pas savoir ce qu'il faut voir dans ce qu'on nous montre : que doit voir l'enfant à qui l'on dit « chat » ? Le nom générique (le mot « chat » signifie alors « c'est un chat ») ? Le nom propre du chat ? Sa couleur ? Le fait qu'il est en train de passer en courant ? Ou encore une partie de l'animal ? Pour le savoir, il faut déjà être installé dans la langue. C'est pourquoi « la parole paraît avoir été fort nécessaire, pour établir l'usage de la parole » (p. 53). Ainsi, pour voir dans le mot « chat » *ce* chat (l'individu) ou *le* chat (le genre), il faut faire la différence entre la valeur démonstrative et la valeur générique du déterminant. De même, l'exemple plus complexe « le chat miaule » peut signifier : « ce chat que je vois est en train de miauler » ou bien « l'animal est un chat qui miaule ». Bref, la compréhension du mot par ostension suppose l'articulation syntaxique, donc la langue constituée, ce qui revient à dire qu'un mot employé seul a valeur de phrase primitive ou de « proposition entière » (p. 53), selon l'expression même de Rousseau.

Quant aux choses qui ne peuvent être l'objet d'une ostension, l'inanité de l'hypothèse explicative s'avère plus flagrante encore, parce qu'il n'y pas en ce cas d'ostension possible, donc aucun critère objectif de la compréhension (critère qui, on l'a vu, est déjà problématique dans le cas de l'ostension), et le signe semble alors ne pas jouer le rôle d'interprète, de médiateur. Ainsi, si je ressens une sensation de douleur dans le genou et que je montre mon genou qui me fait mal, je ne montre pas ma douleur. Si le critère de la compréhension réside finalement, comme le présuppose l'hypothèse, dans la trace laissée sur ma sensibilité par l'objet, force est de constater qu'il n'y a que moi à éprouver cette douleur, de sorte que l'autre n'a aucun accès à cette épreuve en tant que telle, et par conséquent, en toute rigueur, il ne devrait pouvoir comprendre ce que je dis lorsque je dis que j'ai mal, qu'à la condition d'interpréter le signe, ce qui est manifestement inexact.

La difficulté engendrée par l'hypothèse est qu'elle ne permet pas de voir comment s'opère la compréhension dans la langue, parce que l'hypothèse pose mal le problème. L'interprétation ne peut avoir lieu que lorsque l'on possède la langue, mais l'appropriation de la langue en tant que telle ne procède pas par interprétation. Ce que confirme la remarque de Rousseau sur le « premier langage de l'homme » : le cri.

Le cri représente l'état zéro de l'institution, il renvoie donc aux « premières opérations de l'âme ». Il est une réaction naturelle à une sensation extérieure violente, tout comme les gestes qui, naturellement, peuvent l'accompagner (on retire le doigt si l'on se pique à une épine) et qui s'articulent dans des inflexions plus nuancées de la voix et des gestes plus élaborés, dans des expressions élémentaires mais déjà culturelles : « aïe ! » pour la douleur ; « hum ! » pour le désir, accompagnées de gestes : on secoue la main et l'avant-bras quand on s'est piqué à l'épine, ou l'on se frotte l'estomac avec la main avec un air satisfait. Il n'y a de cri, écrit Rousseau, que dans les « occasions pressantes », qui sont l'exception et non le cours normal de l'existence : le cri indique donc à autrui un danger éventuel, ou la promesse d'une jouissance.

Quel est alors le rapport du *cri* à son *expression plus nuancée* (« aïe ! ») et finalement aux *mots* qui expriment la douleur (« j'ai mal au doigt »)? Ceux-ci *remplacent* le cri auquel ils se « substituent » : leur « sens dépend moins d'une détermination antérieure », ils substituent donc à un comportement naturel de douleur (le cri) un comportement institué : l'expression linguistique articulée. L'expression linguistique de la douleur a donc la même fonction expressive que le cri : prévenir d'un danger, réclamer des soins, susciter la compassion, etc. Elle ne décrit pas en ce sens un objet interne ; c'est une plainte qui appelle une réponse appropriée de la part d'autrui. Celui qui apprend à dire « j'ai mal » dans certaines circonstances ne crée donc pas un lien de dénomination entre la douleur et son expression linguistique, mais il étend la gamme des expressions de douleur et, ce faisant, apporte des nuances et des raffinements dans la manière d'être-au-monde. Par conséquent, dans les expressions linguistiques de douleur, le « je » ne nomme aucune personne, pas plus que je n'en nomme une quand je gémis de douleur[1].

Comme l'écrit Wittgenstein, « l'origine et la forme primitive du jeu de langage est une réaction [*Reaktion*] ; c'est à partir de là que peuvent se développer des formes plus compliquées. Le langage – je veux dire – est un raffinement :

---

1. *Cf.* Wittengstein, *Recherches philosophiques*, *op. cit.*, § 244.

"au commencement était l'action [*Tat*]" »[1]. L'apprentissage d'une langue ne procède pas par interprétation; il est au contraire une réaction par laquelle celui qui apprend se montre ou non capable d'employer comme il convient les signes, dans de nouvelles circonstances, au-delà de ce qu'on lui a jusqu'alors montré. L'interprétation ne peut commencer qu'après cette prise préalable de la langue sur le monde. L'interprétation ne peut commencer qu'à la condition que nous soyons déjà installés dans la langue, mais cela ne signifie naturellement pas que nous interprétons dès lors que nous parlons. Nous interprétons lorsque la compréhension vacille, ce qui veut dire que l'interprétation est un acte réflexif.

1. Wittgenstein, «Cause et effet», in *Philosophica IV*, trad. fr. J.-P. Cometti et E. Rigal, Mauvezin, TER, 2005, p. 98.

TABLE DES MATIÈRES

Imprimé en France par CPI Firmin Didot (126458)
en janvier 2015
Dépôt légal : janvier 2015

DANS LA MÊME COLLECTION

Hicham-Stéphane AFEISSA, *Qu'est-ce que l'écologie ?*

Christophe AL-SALEH, *Qu'est-ce qu'une couleur ?*

Bruno AMBROISE, *Qu'est-ce qu'un acte de parole ?*

Jean-Pascal ANFRAY, *Qu'est-ce que la nécessité ?*

Alain ANQUETIL, *Qu'est-ce que l'éthique des affaires ?*

Valérie AUCOUTURIER, *Qu'est-ce que l'intentionalité ?*

Anne BAUDART, *Qu'est-ce que la démocratie ?*

Anne BAUDART, *Qu'est-ce que la sagesse ?*

Jiry BENOVSKY, *Qu'est-ce qu'une photographie ?*

Bruno BERNARDI, *Qu'est-ce qu'une décision politique ?*

Christian BERNER, *Qu'est-ce qu'une conception du monde ?*

Serge BOARINI, *Qu'est-ce qu'un cas moral ?*

Pol BOUCHER, *Qu'est-ce que l'interprétation juridique ?*

Hélène BOUCHILLOUX, *Qu'est-ce que le mal ?*

Christophe BOURIAU, *Qu'est-ce que l'humanisme ?*

Christophe BOURIAU, *Qu'est-ce que l'imagination ?*, 2e édition

Florent BUSSY, *Qu'est-ce que le totalitarisme ?*

Alain CAMBIER, *Qu'est-ce qu'une civilisation ?*

Alain CAMBIER, *Qu'est-ce que l'État ?*

Alain CAMBIER, *Qu'est-ce qu'une ville ?*

Patrice CANIVEZ, *Qu'est-ce que la nation ?*

Patrice CANIVEZ, *Qu'est-ce que l'action politique ?*

Philippe CAPET, *Qu'est-ce que mentir ?*

Stéphane CHAUVIER, *Qu'est-ce qu'un jeu ?*

Stéphane CHAUVIER, *Qu'est-ce qu'une personne ?*

Paul CLAVIER, *Qu'est-ce que la théologie naturelle ?*

Paul CLAVIER, *Qu'est-ce que le bien ?*

Paul CLAVIER, *Qu'est-ce que le créationnisme ?*

Jean-Pierre CLÉRO, *Qu'est-ce que l'autorité ?*

Jean-Pierre COMETTI, *Qu'est-ce qu'une règle ?*

Marc DE LAUNAY, *Qu'est-ce que traduire ?*

Guy DENIAU, *Qu'est-ce que comprendre ?*

Guy DENIAU, *Qu'est-ce qu'interpréter ?*

Julien DEONNA et Fabrice TERONI, *Qu'est-ce qu'une émotion ?*

Jérôme DOKIC, *Qu'est-ce que la perception ?*, 2e édition

Filipe DRAPEAU CONTIM, *Qu'est-ce que l'identité ?*

Éric DUFOUR, *Qu'est-ce que le cinéma ?*

Éric DUFOUR, *Qu'est-ce que la musique ?*, 2e édition

Julien DUTANT, *Qu'est-ce que la connaissance ?*